智能财务报表分析

应用技巧与案例解析

张金昌　张英　董娜　著

本书是智能财务分析师的辅导教材,在对智能财务分析原理和财务分析智能化技术进行介绍的基础上,着重阐述利用智能财务分析软件对企业的资产负债状况、盈利能力、现金流状况、营运能力与经营杠杆、发展能力、偿债能力等进行分析的操作方法,并辅以丰富翔实的案例,注重实际操作能力的培养。本书适合企业财务工作者、金融投资者及高等院校师生阅读。

图书在版编目(CIP)数据

智能财务报表分析:应用技巧与案例解析/张金昌,张英,董娜著.—北京:机械工业出版社,2021.5

ISBN 978-7-111-68362-9

Ⅰ.①智… Ⅱ.①张… ②张… ③董… Ⅲ.①会计报表-会计分析 Ⅳ.①F231.5

中国版本图书馆 CIP 数据核字(2021)第 103497 号

机械工业出版社(北京市西城区百万庄大街22号 邮政编码100037)
策划编辑:李 鸿 责任编辑:李 鸿
责任校对:李 前 封面设计:高鹏博
责任印制:谢朝喜
河北宝昌佳彩印刷有限公司印刷
2021年9月第1版·第1次印刷
170mm×242mm·15.75 印张·229 千字
标准书号:ISBN 978-7-111-68362-9
定价:59.00元

电话服务　　　　　　　　网络服务
客服电话:010-88361066　　机 工 官 网:www.cmpbook.com
　　　　　010-88379833　　机 工 官 博:weibo.com/cmp1952
　　　　　010-68326294　　金 书 网:www.golden-book.com
封底无防伪标均为盗版　　机工教育服务网:www.cmpedu.com

代　序
智能财务分析：固化和传播专家智慧

在当今时代，速度和准确性是在竞争中胜出的关键。个人的思考能力是非常有限的。将计算机的计算能力、专家的分析方法及决策者的聪明才智结合在一起，实现人机结合、有效互动，才能真正实现快速决策和准确决策，才能迅速适应竞争需要。从现时看，大家对新生事物的接受能力和接受速度均大大提高，大家对智能管理软件的应用和机器代替人从事重复性的脑力劳动均做出了肯定的回答。

让机器代替人从事过去已经发生的、已经想到的、已经思考过的、重复做的事情，让人去处理新发生的、过去没有想到的、创新性的事情，如果我们的社会真正朝这个方向发展，真正将智者的可重复使用的智慧固化到计算机之中，让计算机软件来代替人从事这些重复性的脑力劳动，那么，创新的时代、人类从繁重的脑力劳动中解放出来的时代，就已经到来，这就是我们现在所处的时代。

中国社会科学院工业经济研究所张金昌研究员在北京智泽华软件公司的支持下，大胆创新和探索，曾经主持开发出"智能化财务分析"软件，为财务人员、统计人员、管理人员提供了一套智能化分析工具。这套软件正是将人类从重复性的财务分析工作解放出来的有益探索。这套软件使用计算机软件技术，将传统的财务报表分析工作智能化，并已经被许多企业、银行所使用，已经为企业、银行创造了价值。

中国有上千万家企业，但真正称得上现代企业的也就几万家，"拍脑袋"决策的情况还非常普遍。关键是许多事情需要迅速做出决策，没有时间来进行认真的分析和思考，但分析手段、分析能力还不能满足这种需要。一方面"拍脑袋"决策，一方面大量有用的信息白白流失，这是一个非常遗憾的事情！智能化有可能从根本上解决这一问题。

许多企业已经积极采用先进的管理技术，正在朝管理智能化方向努力和发展，但也有很多企业还在使用比较原始的管理方法。会计工作人员还仍然被大量的数据淹没，重核算、轻分析的情况仍然很普遍。机械工业出版社组织出版"智能财务"系列教材，相关协会和机构组织开展"智能财务管理师""智能财务分析师"系列培训和认证课程，为个人增长新知，为企业及国家培养人才，是一件非常有意义的事情！

当然，再智能的产品、智能的方法，也仅仅是人们使用的工具，而且新生事物层出不穷，需要我们不断完善、不断迭代、不断升级智能软件，使智能软件和方法决策速度和准确率不断提高。但从根本上来说，在运用智能化软件的过程中，我们还是要贯彻人机结合、以人为本的原则。在机器的帮助下，在智能化工具的辅助下，让人的能力和效率获得更大幅度的提高才是我们的目标。

中国企业管理研究会会长　黄速建

目录

代序　智能财务分析：固化和传播专家智慧

第1章　智能财务分析概论 ·· 1
1.1　智能财务分析方法 ·· 2
1.2　智能财务分析方法创新要坚持的原则 ·········· 7
1.3　智能财务分析的内容 ·· 14

第2章　智能财务分析技术基础 ································ 23
2.1　物联网、大数据和云计算 ·································· 24
2.2　人工智能及智能机器人 ···································· 26
2.3　智能财务分析软件开发 ···································· 30

第3章　智能财务分析数据管理 ································ 43
3.1　智能企业信息管理 ·· 44
3.2　智能报表数据管理 ·· 50
3.3　数据智能导入 ·· 56
3.4　报表智能转换 ·· 62
3.5　OCR识别导入 ·· 67

第4章　资产负债智能分析 ·· 73
4.1　资产智能分析 ·· 74
4.2　负债权益智能分析 ·· 97

第5章　盈利能力智能分析 ·· 109
5.1　利润构成智能分析 ·· 110

5.2 成本费用智能分析 ………………………………………… 118
  5.3 盈利能力智能分析 ………………………………………… 127

第6章 现金流量智能分析 ………………………………………… 137

  6.1 现金流量结构智能分析 …………………………………… 138
  6.2 现金流量充足性智能分析 ………………………………… 145
  6.3 现金流量有效性智能分析 ………………………………… 149

第7章 营运能力与经营杠杆智能分析 …………………………… 155

  7.1 营运能力智能分析 ………………………………………… 156
  7.2 经营杠杆智能分析 ………………………………………… 164

第8章 发展能力智能分析 ………………………………………… 169

  8.1 自我发展能力智能分析 …………………………………… 170
  8.2 挖掘发展潜力能力分析 …………………………………… 173

第9章 偿债能力智能分析 ………………………………………… 181

  9.1 企业支付能力分析 ………………………………………… 182
  9.2 短期偿债能力智能分析 …………………………………… 191
  9.3 长期还本付息能力智能分析 ……………………………… 203
  9.4 偿债风险智能评价 ………………………………………… 209

第10章 智能财务分析工具 ………………………………………… 217

  10.1 智能企业对标 ……………………………………………… 218
  10.2 智能行业比较 ……………………………………………… 223
  10.3 自动进行杜邦分析 ………………………………………… 228
  10.4 自动进行沃尔比重分析 …………………………………… 232
  10.5 其他常用分析方法 ………………………………………… 236

第1章　智能财务分析概论

 **学习目的**

1. 掌握准确计算法的本质内涵。
2. 掌握因素穷尽法的本质内涵。
3. 掌握智能财务分析方法开发原理。
4. 掌握智能财务分析方法主要内容。

　　智能财务分析方法是通过准确计算法和因素穷尽法来回答财务分析问题，并将这种方法固化到计算机软件之中，让计算机软件能够自动分析并回答相关问题的方法。由于这种方法是将专业的分析思路、分析模型、分析经验固化到计算机软件之中，让计算机不知疲倦、准确无误地完成财务分析工作，因而可以得出没有人为干扰和主观成分的分析结论。智能财务分析的实践表明，有关企业财务状况、资金缺口及盈亏平衡的问题，均可以找到准确计算公式，用公式计算的办法来回答。有关企业资产结构、经营战略（策略）、经营业绩和整体业绩评价的问题，均可以通过穷尽各种可能现象、可能情况，用因素穷尽的办法尽可能地给予准确回答。

1.1 智能财务分析方法

　　能够让计算机软件从事分析工作，得出准确或尽可能准确结论的方法主要是准确计算法和因素穷尽法。准确计算法是寻找一个准确计算公式或模型，用计算的办法来得出唯一正确的、没有争议的分析结论的方法。因素穷尽法是在没有准确计算公式的情况下，将各种可能出现的客观现象加以穷尽，在某种给定条件下再寻求与客观现实一致、没有争议的准确结论的方法。只有能够得出没有争议的分析结论的方法，才能交由计算机软件来完成，实现分析工作的智能化。

1.1.1　准确计算法

准确计算法，通俗地讲，就是要找到一把客观的尺子或者一个唯一正确的计算公式，通过严格、一对一、非概率型的定量计算来回答分析问题的方法。例如，评价一家企业的偿债能力，过去我们经常使用的是多指标、多因素加权打分的办法。这些指标如流（速）动比率、资产负债率、利息保障倍数等，它们可在一定程度上、从不同侧面反映企业的偿债能力，但却不能明确回答企业是否拥有偿债能力。这是因为在传统的偿债能力分析方法中，资产负债率、流（速）动比率等指标均是静态的时点指标，只是以财务报表所提供的当期数据来分析企业的债务偿还能力，并没有考虑由这些债务所形成的资产在分析时点之后、债务到期之前资产能否周转收回，收回之后会不会增值。即使一些评价方法考虑了资产周转速度和盈利能力这两个方面的指标，如资产周转天数、资产报酬率、息税折旧及摊销前利润（EBITDA）等，但通常也是通过各个指标值的加权打分来评价。加权打分的核心问题是给每个指标赋予多少权重，不同的专家有不同的看法，难以得到公认的结论。如果没有一个公认、可靠的加权打分方法，自然也难以得出客观准确、能够被普遍接受的分析结论。

偿债能力准确计算法，就是找到如下的准确计算公式，用准确计算的办法来回答：

可用来还债的流动资产 = 期初流动资产 × $(1 + 流动资产利润率)^{流动资产周转次数}$

上式表明，一家企业能够用来还债的资金，是由企业现在的资产、企业资产在未来某个时点之前的盈利能力和这个时点之前企业资产的周转速度共同决定的。假设企业参与经营周转的资产只是流动资产，那么企业可用来还债的资金，是由期初企业投入的流动资产、流动资产销售之后的盈利能力、流动资产的周转速度3个因素共同决定的。这3个因素和企业偿债能力之间的关系，不是简单的相加关系，也不是由某个公式和权重系数确定的加权打分关系，而是由上式所表达的一种准确计算关系。只要企业按照上式计算企业可用来还债的资金，再和需要偿还的债务规模、企业正常经营环节需要继续占用的流动资产金额进行比较，就可以得出企业能否按期偿还债务的唯一正确结论。当可用来还债的流动资产，扣除不能用来还债、应当继续在经营环节占用的流动资产之后的金额大于需要偿还的负债额，则可以确认该企业有还债能力；如果金额小于需要偿还的负债额，则可以确认该企业缺乏还债能力。

只要确认这个偿债能力的计算公式是准确、客观的，就可以将其固化到计算机软件之中，由计算机软件自动根据企业的财务报表数据，计算并回答企业能否还债这个问题。

类似地，通过寻找准确计算公式的办法来回答的财务分析问题还有：

（1）由企业投资、融资和经营现状决定的企业资金需求；

（2）由企业财务状况和经营业绩决定的企业资金缺口；

（3）加速资产周转可能带来的资金节约额和利润增加额；

（4）由企业经营业绩决定的可动用资金总额；

（5）企业能够偿还的负债规模；

（6）企业增加负债的可行性；

（7）在一定成本结构和产品结构条件下企业达到盈利的最低销售收入；

（8）在一定资本结构、资金成本和盈利水平条件下实现盈利的最低销售收入。

1.1.2　因素穷尽法

当我们对一个定量问题找不到准确计算公式，或者我们回答的是一个定性、非常不确定、存在多种可能情况的问题，在不同的情况下会出现不同的结果时，就需要使用因素穷尽法。

因素穷尽法也可以称为因素枚举法、层次分析法或决策树分析法，它是从某个方面出发不断深入挖掘，考虑各种可能情况及其情况的组合，直到找出准确的分析结论为止的一种财务分析方法。其基本思路是：首先确定要回答的经营管理问题；其次寻找这个问题的最主要表现形式和分析指标，并从这个指标出发来确定问题存在的各种可能状态；再次就每种状态的决定因素做进一步枚举；最后就每个决定因素的决定因素进行枚举。通过层层递进、步步深入，直到找到决定这个状态的客观的、唯一正确的原因，就可以得出分析结论。

人工将各种可能情况加以穷尽，在现实生活中要么不可能，要么工作量太大。以资产结构的合理性评价为例，如果我们仅使用资产总额、收入、利润、存货、应收账款5个指标来评价企业资产结构的合理性，每个指标假设仅有大幅增长、有所增长、变化不大、有所下降、大幅下降5种状态，那么这些因素和状态组合起来就会有3 125种。若将每种可能状态仅写出一行字的分析结论，就需要写78页、每页40行的A4纸才能完成。显然，本书在介绍使用因素穷尽方法来分析具体财务分析问题时，不可能将这3 125种情况全部列出来供读者讨论，因为大多数读者不会有耐心去阅读和研究它们。但从科学、持续改进的角度看，不把这3 125种情况全部写出来，就很难对使用上述5个指标进行资产结构合理性的评价方法的准确性、正确性展开讨论，也就很难进一步提高这3 125种分析结论的质量。如果事先将这3 125种情况记录下来，让计算机来考虑一遍各种可能情况，然后得出针对某一个具体情况的分析结论，则仅需要几秒钟。

智能财务分析方法，就是将各种可能情况事先考虑清楚，将各种情况下的分析结论和方法事先记录下来，然后利用计算机软件根据企业的具体财务数据分析企业属于哪种情况的一种方法。在计算机智能化软件的帮助下，改进这种分析方法，就不需要对3 125种情况通过逐一分析的办法来改进，而只需要就具体的分析过程和分析结论的正确性进行讨论，并和分析企业的客观实际情况比较，来确定分析结论的正确性或者需要改进的地方。

让计算机来辅助人们进行智能分析判断，核心问题是将各种可能情况下的可能结论一一记录下来。例如，在分析企业存货合理性的时候，在大幅增长的情况下，我们的分析思路可以是：

（1）在存货大幅增长的情况下，收入是否大幅增长？

（2）在收入同步增长的情况下，营业利润是否大幅增长？

（3）在营业利润大幅增长的情况下，现金支付能力是否大幅增长？（利润是否转化为现金？）

(4) 在营业利润没有同步转化为现金的情况下，预付账款或应收账款是否大幅增长？（市场是否普遍好转？）

(5) 在存货大幅增长、收入同步增长、利润大幅增长、现金支付能力下降、预付货款和应收账款没有增长的情况下，固定资产或长期投资是否大幅增长？（利润是否转化为投资？）

(6) 如果利润没有转化为投资，负债是否大幅减少？（利润是否用来还债？）

(7) 如果利润没有用来还债，则说明存货增长是假的，增长是不合理的。

在存货大幅增长、收入同步增长、利润大幅增长、现金支付能力下降、预付货款和应收账款没有增长、固定资产和长期投资没有增长这一状态下，负债出现了大幅减少，即到上述第（6）个分析层次，存货增长带来了收入和利润的增长和负债的降低，说明这种增长是合理的。如果在上述第（5）个分析层次，发现固定资产原值增长30%，说明存货的增长源于固定资产的增加，增长可以理解；如果在这个分析层次，固定资产并无增长，但企业的预收账款增长20%或者预付账款增长20%，说明存货大幅增长的主要目的是应对市场变化的一种理性安排，则其增长是合理的；如果预收账款增长率小于0或者预付账款增长率小于0，而营业利润增长率大于30%，则说明由于企业大量销售、大量生产，引起利润上升、利润率下降，导致存货出现不合理增长，但这种增长是正常的，也是可以理解的。若营业利润零增长，则说明存货的大幅增长得不到有效的解释，存货数据的真实性值得关注。

只要我们通过"如果……那么……否则……"，刨根问底、穷追不舍，将各种可能情况全部考虑进去，就可以得出一个客观、正确、可以验证的结论。

在许多情况下，我们事先设定的判断层次、思路和结论，会与实际情况不一致，比如我们会遇到过去没有遇到过的情况。这不要紧！只要我们再回过头来寻找原因，查看并对比实际情况，发现未考虑的因素及其导致的与实际情况的不同，然后将这些未考虑的因素和与实际情况不同的情况再追加到计算机软件的分析判断可能情况库和判断逻辑之中去，增加一种新的分析判断思路或一条分析判断路径就可以了。每追加一种情况，就会使我们的财务分析知识和经验提高一步，使我们分析的准确性和科学性向前迈进一步。

同样的道理，即使我们已经对一种可能情况的结果有了定论，但发现其和实际情况并不一致，只要我们能够找到原因，证明谁对谁错，就可以将错误的思路改正过来。这就是借助计算机软件手段，实现财务分析智能化所带来的好处。

推而广之，如果对企业的各种经营管理问题，均能够通过准确计算法或因素穷尽法得出正确或接近正确的结论，并对判断错误的情况通过智能学习和记忆进行修正，那么企业管理决策的失误将会越来越少。随着我们发现的准确计算方法越来越多，积累的经营管理实际情况越来越多，企业的决策和管理水平就会向前迈进一步。

所有基于数据的分析问题，无论是需要定量回答还是定性回答，通过准确计算法或因素穷尽法，都会使我们的分析决策和管理水平大幅提高。

按照这个思路，只要我们能够把分析事物的思考判断方法记录下来，把各种经营管理问题考虑的科学方法固化下来，就可以将其直接应用到企业的经营管理实践中去。只要我们将企业经营管理实践中的经验教训记录下来，转换为计算机程序，让计算来自动进行分析和过程监控，确保分析的准确性、客观性，我们的决策水平和管理水平就会大大提高。这就是智能分析方法的作用和价值。

智能财务分析方法创新要坚持的原则

传统的财务软件，只是对日常经营活动的记录和核算，不能有效回答企业管理者关心的决策性问题。对这些决策性问题的回答，通常需要财务分析人员手工完成，要求财务分析人员具备一定的分析能力。即使财务分析人员有此专业能力，但在有限的时间内，也不可能考虑得非常全面和深入。分析的及时性也是财务分析人员必须应对的难题。财务数据能够全面深入地反映企业的经营状况，而财务数据又是动态的，只要企业经营不停止，新的财务数据就会不断产生，这就要求财务分析人员以更快的速度和更准确的分析来回答各种决策问题。对速度的要求和对分析结论准确性的要求构成了一对矛盾，传统的财务软件无法解决此矛盾，需要创造新的智能财务分析方法来解决。

1.2.1　尽可能使用准确计算的方法

盈亏平衡分析一般可以通过公式计算出盈亏平衡点的销售量或销售额，计算公式为

盈亏平衡点销售量 = 固定成本合计／（单位价格 − 单位变动成本）

　　盈亏平衡点销售额 = 盈亏平衡点销售量 × 单位价格

根据上述准确计算公式，只要将产品的固定成本合计、单位价格、单位变动成本输入软件系统，系统将按照已经设置好的盈亏平衡点计算公式和标准语言，生成盈亏平衡点计算结果报告，并可用图形、表格、文字3种形式，用 Word、PowerPoint 两种展现方式输出和存储。

智能分析系统的好处是，当固定成本的各个构成项目发生变化时，系统便可按照事先设定的计算公式，自动计算固定成本合计，同样也可自动计算出单位变动成本，计算出盈亏平衡点，实现实时的盈亏平衡监控。

凡是能够通过准确计算公式回答的财务分析问题，均可使用准确计算法。有一些问题看似无法通过准确计算法来回答，但只要深入思考，有时也可以找到准确计算公式。以企业的盈亏平衡点分析为例，许多人认为，当企业生产的产品繁多，固定成本、变动成本不容易分摊到不同的产品之中时，就无法计算出盈亏平衡点。但只要企业的成本费用支出总额能够区分为固定费用总额和变动费用总额两大类，就可以比较容易地计算出多产业、多产品企业的盈亏平衡点。企业盈亏平衡点销售额的准确计算公式为

企业的盈亏平衡点销售额 = 固定成本合计 × 销售数量／（销售收入 − 变动成本合计）

有了这个准确计算公式，便可进行多元化经营的集团企业的盈亏平衡

点计算和监控。

1.2.2　尽可能穷尽各种可能情况

许多管理问题因为影响因素较多，难以找到准确的计算公式，就需要使用因素穷尽法。例如，应收账款多少比较合理，应收账款大幅增长是否合理，需要具体问题具体分析。过去进行应收账款合理性判断，主要基于应收账款与收入的比例关系、应收账款占流动资产的比例、应收账款的绝对额和增长额以及应收账款的账龄等。一些专业人士还会通过计算增加应收账款带来的收益和发生坏账所带来的损失，考虑是否应该继续增加应收账款额。但很少有人考虑应收账款的变化对企业现金支付能力变化和存货的影响，即将应付账款、预收账款的变化和应收账款的变化结合起来，以综合评价应收账款的合理性。事实上，在许多情况下，这些变化对企业是否增加应收账款的判断和决策是非常重要的。

若应收账款大幅增长，看收入是否大幅增长。如果是，则看现金支付能力是否也大幅增长。如果是，则说明应收账款的增加是合理的。如果现金支付能力没有增长，则看账龄是否明显延长。如果是，则说明赊账导致应收账款和收入的大幅增长，应收账款增长不太合理。

若应收账款大幅增长，账龄明显缩短，并且支付能力也在下降，则看现金收入是否转化为存货，即存货占收入的比例是否增加。如果是，则说明应收账款增长带来收入的大幅增长，并且增收部分已转化为存货，增长合理。

若存货占收入的比例没有增加反而下降，在企业的应收账款大幅增长、账龄下降、现金支付能力下降的情况下，则看收入的增加带来的现金是否被用来偿还负债。如果负债额大幅下降，则说明应收账款增长带来收入的大幅增长，并且增收部分已经用于还债。如果负债没有下降反而增长，存货没有增长，现金支付能力没有增长，则说明应收账款的增长没有其他业务数据的支持，存在虚增可能。

由此可见，分析应收账款的合理性，要将各种与应收账款变化相关的因素结合起来综合考虑，才能得出合理的结论。如果大多数因素完全相同，只有一两个因素不同，则有可能得出完全相反的结论。例如，应收账款大幅增长，收入大幅增长，利润增长，在现金支付能力存在增长与下降的情况下，便会得出完全不同的结论。

在分析应收账款的时候，上面使用了应收账款、收入、现金支付能力、账龄、存货占收入比例、负债6个指标。如果应收账款和收入各存在7种变化情况（成倍增长、大幅增长、有所增长、基本不变、有所下降、大幅下降、成倍下降），现金支付能力存在8种变化情况，账龄、存货占收入比例、负债存在3种变化情况，将6个指标的变化情况组合起来，则会有 $7 \times 7 \times 8 \times 3 \times 3 \times 3 = 10\,584$ 种情况。要让计算机进行正确的逻辑判断，得出与实际相符的结论，就需要事先将这10 584种情况全部考虑进去，并将每种情况下应收账款变化是否合理的结论全部输入到计算机中，才能够得出正确的结论。

在一些情况下，应收账款的变化还与固定资产、预收货款的变化直接相关。例如，在应收账款和收入变化不同步而收入和成本的变化却同步的情况下，就要考虑生产能力的变化，即看固定资产原值是否变化，或者销售形势是否明显好转，企业的市场谈判地位是否提高（可通过预收货款的变化反映），这样才能得出科学的结论。这就是因素穷尽法。

如果软件系统得出的结论与实际情况不符，只要找出导致判断失误的新的影响因素，就可以增加新的分析结论。发生一次软件分析失误，就增加一种事先没有考虑或过去没有遇到的情况，将新的情况或经验追加到软件系统，当再次出现类似的情况或事件时，就不会出现重复性的判断失误。这就是智能财务分析系统的价值所在。

1.2.3 尽可能基于企业自身的数据

每家企业的情况都不相同，评价企业绩效用其自身的数据才最准确。两家资产和销售规模完全一样的服装企业，一家资产负债率很高，另一家资产负债率很低，是不是说明资产负债率高的企业偿债能力就比资产负债率低的企业差？这不一定。若一家企业推行高价营销策略，而另一家推行薄利多销策略，资产负债率就会有较大的差别。仅仅依据单一指标和行业平均值对企业效绩进行评价，其结果的客观性与科学性很难保证。

传统的企业绩效评价办法规定，资产负债率小于行业同档次规模企业的平均值时得满分，大于100%时得0分。其实，资产负债率对偿债能力的影响不能一概而论，应当将资产的周转速度、资产的增值能力结合起来进行判断才有意义。绩效评价系统用行业平均水平作为打分的标准也不完全科学，同一行业、同一规模的不同企业，其指标值并无规律可循，它受企业经营特点、经营管理模式、生产技术水平等多方面因素的影响。

企业的经营和财务状况均可以通过资产负债表、利润表和现金流量表这3张主表反映。应该说，这3张主表是国际通用语言，在各市场经济国家都大同小异，差别主要表现为各国具体会计核算制度的不同。3张会计主表及其主要内容通常由国家的法规决定，是基本不变的。财务分析软件就是以相对固定的财务报表格式和内容为基础，适用于报表格式相同或相近的各类企业。

基于不同企业的财务报表中的数据进行财务分析得出的结论，已经包含了行业差别信息。而对于同一企业同一时期同一报表揭示的同一财务数据，不同的人使用不同的方法和标准进行分析可能会得出不同的结论，然而正确的结论只有一个，因为企业的客观现实只有一种情况，与企业客观现实完全一致的结论只有一个。

传统的财务分析，常常使用的是模棱两可的分析指标和方法。分析标准也是有争议的，因此也难以得出令人信服、唯一正确的分析结论。比如使用资产负债率来判断企业的偿债能力，过去总认为企业的资产负债率在50%以下就有能力，50%以上就没有能力。事实上，一家企业的资产负债率即使为95%，这家企业也可能并不存在偿债困难，只要它的盈利能力足够好、周转速度足够快就行。只凭资产负债率一个指标是难以得出企业是否有偿债能力的结论的。

当前无论是在国内还是国外，依据企业财务报表对企业经营和财务状况进行分析，已经陷入了凭单一指标分析和静态经验分析的误区。从单个指标来说，资产负债率为95%，大多数人会认为这家企业没有偿债能力。如果企业的流动比率为0.5，速动比率为0.4，那么，几乎绝大多数人更加坚信这家企业没有偿债能力。但是，从发展的、动态的角度来看，如果企业的资产周转速度很快，流动资产平均一年周转 6 次，并且每周转 1 次，其收回的价值就翻一番。流动比率为 0.5，说明该企业的流动负债是流动资产的 2 倍。假如流动资产为 50 元，则流动负债为 100 元。静态来看，50 元的流动资产不足以偿还 100 元的流动负债。但动态来看，该企业流动资产一年周转 6 次，也就是说在 2 个月时间就可以收回，并且周转 1 次后收回的价值不是 50 元而是 100 元。如果该企业的流动负债平均偿还期为 3 个月，则用 2 个月内收回的流动资产 100 元偿还平均 3 个月到期的流动负债 100 元是没有任何问题的。

这就是说，不能简单地使用行业均值、一般看法及经验来进行企业能否还债的评价，而应当根据具体企业、具体问题、具体情况进行具体分析，得出唯一正确的、与客观实际情况完全一致的分析结论才是核心。

1.2.4　尽可能使用能够洞察企业经营本质的方法

财务数据是企业经营活动的综合反映，也是企业进行各项经营决策的主要依据。企业的财务数据主要通过财务报表归集。然而，对于大多数没有财务会计专业知识的人而言，常常难以看懂财务报表。对财务会计工作者而言，即使其天天忙于数据归集和核算，也难以将财务数据和企业的经营管理活动联系起来，在企业经营决策中有效发挥参谋作用。

无论是给企业制定发展战略还是收购兼并方案，均需了解企业的基本情况，阅读和分析企业的财务报表，撰写企业经营状况诊断报告，进行企业盈利能力、经营风险、资金结构等方面的分析。在这方面，使用传统的财务分析方法难以得出令人信服的结论。传统财务分析的最大问题并不在分析指标上，而是在分析方法上。传统的分析方法主要是单一指标分析法，即使使用多个指标，也只是将单个指标简单地联系起来，而不是将各个指标有机地联系起来，进行多指标、多层次、一环扣一环的动态和综合判断。这也正是不同专家依据同一财务报表数据却得出不同分析结论的根本原因，也是国内外财务软件一直未能开发出智能财务分析功能的主要原因。

例如，企业的发展潜力尽管是一个非常定性的概念，但从财务数据角度来看，无非表现为两个方面：一是企业依靠自我积累的资金发展的潜力；二是企业依靠外部筹集的资金发展的潜力。为了判断企业的自我发展潜力，可设计"可动用资金总额"指标，计算在不影响企业当前经营业务协调发展的情况下，企业内部可以用来投资扩张的资金数额。为了判断企业的筹资发展潜力，可设计"可新增负债规模"指标，计算在企业实现合理资金结构的前提下，企业还可以增加多少负债来投资扩张。这两个指标用手工进行计算并不简单。在计算"可动用资金总额"时首先需要判断企业经营的协调性，在保证企业经营业务正常开展的前提下，才能计算"可动用资金总额"；在计算"可新增负债规模"时首先需要确定企业合理的资金结构，判断企业负债经营是否可行，只有在增加负债可行的情况下才能够根据资金结构计算出"可新增负债规模"。这些工作如果依靠计算机来完成，是比较快的。

再比如，对企业经营协调性和资金结构合理性的判断，均涉及一系列方法创新和指标创新。企业经营协调性判断，可以从企业投融资活动、企业经营业务和企业现金支付能力3个方面的协调情况来分析。企业合理资金结构的确定，需要分别确定合理的资产结构和负债结构。无论进行哪种分析，均需要以指标为线索、以数据为依据，进行多指标、环环相扣的动态判断，才有可能得出一个可被普遍接受和验证的客观结论。

智能财务分析方法和传统财务分析方法的最大不同，是它将企业的财务数据和经营管理活动结合了起来。传统方法通常是对单一指标或多个指标的数值进行简单描述，并不能通过使用多个指标来进行综合分析。传统分析方法的分析结论，通常只包括有限的几种情况，对增减变化的描述也基本上是"上升""下降""变化不大"3种情况。智能财务分析方法从传统的单一指标或者多指标平面判断方法转变为多指标综合、多层次、密集判断的方法。一个指标的增减变化，在智能化方法中至少包括40多种情况，并且每种情况下的分析指标和分析结论是不同的。智能化方法通常在回答一个经营管理问题时，所使用的分析指标是随着上一个指标数值的变化而自动变化，能够得出更加符合企业实际的结论。传统财务分析方法不能回答企业经营管理者和投资者非常关心的问题，如增加负债是否可行、经营状况是否健康协调等；而智能化方法则可以，并且回答起来也非常简单。通过企业还债能力准确计算公式，就可以得到企业能够偿还的负债是多少，知道企业能否负债经营、能够承担多大规模的负债。通过判断企业资金平衡状况、资金协调状况，就可以判断企业经营是否健康。

1.3 智能财务分析的内容

所有企业的财务分析问题，不论是财务状况结构分析、财务状况比较分析、财务状况趋势分析，还是损益结构分析、损益比较分析、损益趋势分析，抑或现金流量结构分析、现金流量比较分析、现金流量趋势分析，均可以使用准确计算法和因素穷尽法这两种分析方法。有关企业财务状况、资金缺口及盈亏平衡等问题，均可以找到准确计算公式，用准确计算的方法来回答。对有关报表数据的合理性、真实性评价，经营战略或策略的好坏，以及管理费用支出合理性等问题，均可以使用因素穷尽法，通过假设各种各样的可能情况尽可能准确地给予回答。

如果所有的财务分析问题都可以找到这两种方法，就可以将这两种方法的分析过程编写为计算机软件，让计算机软件自动完成，实现财务分析的智能化。下面举例说明财务分析智能化软件可以回答的主要问题。

1.3.1 12个关键决策问题的智能分析

财务分析智能化是让计算机软件系统自动完成数据查找、指标计算及分析等大量烦琐、重复性的财务分析工作。在企业经营决策分析中，智能财务分析方法可以回答以下12个关键决策问题：

(1) 企业的经营业务开展得是否良好？

(2) 企业的成本费用支出是否合理？

(3) 企业的资产结构是否合理？

(4) 企业投资、融资和经营活动是否协调？

（5）企业的偿债能力如何？

（6）企业的盈利能力可否接受？

（7）企业增加负债是否可行？

（8）企业可动用资金数额有多少？

（9）企业的经营风险有多大？

（10）企业的盈亏平衡点在哪里？

（11）企业的财务风险有多大？

（12）企业现金流动的协调性及有效性如何？

传统观念认为，许多企业的经营管理和决策问题，不同的人有不同的看法，不存在一种科学、准确、唯一正确的结论。比如，存货降低5%，有人计算会带来100万元的利润，有人计算会带来200万元的资金节约。不同的人使用不同的计算方法，会得出不同的计算结果。但是从本质上来说，企业客观上只存在一种状态，符合实际情况的分析方法也只有一个，经过研究、验证，正确的结论也只有一个。如果说存在两种方法，计算得出的结果又不相同，那肯定是出现了两种可能不同的情况。在这种情况下，只要对两种方法和情况进行比对，看哪种方法与实际情况相符合，采用正确的方法就行了。

如果过去认为正确的方法，在新的情况下变成了错误的方法，只要将新情况下的正确方法找到，将其固化的计算机软件之中，计算机软件就会在新的情况下得出新的正确的结论。显然，使用科学的、唯一正确的智能化技术和方法的企业，将可以通过智能化工具和技术来保证其不会再犯同样的决策和经营管理错误。

1.3.2 企业经营和财务状况11个方面的智能分析

财务智能分析可以从实现利润、成本、经营协调性、现金流量、发展能力、资产结构、资本结构、营运能力、偿债能力、盈利能力、经营风险11个方面进行诊断，生成专题分析报告。

实现利润分析功能，通过多指标的相互关系并利用因素穷尽法来分析企业利润的稳定性，评价企业的经营业绩和经营战略；成本费用分析功能,从收入、成本、费用、利润四者之间的相互关系及多个角度来判断企业成本、费用支出的合理性;经营协调分析功能,通过营运资本、现金支付能力、营运资金需求三者之间的相互关系,从经营活动、投资活动、融资活动3个环节,来综合、动态地判断企业的资金缺口、企业经营的协调性及企业资金的健康状况;现金流流量分析功能,通过现金流量的稳定性、协调性、充足性、有效性4个特性的分析,从不同角度判断企业的"造血"能力和可持续发展能力,揭示企业可自由动用的现金净流量;发展能力分析功能,通过准确计算可动用资金总额、挖潜节约资金额确定企业可用来投资新项目的资金额;资产结构分析功能,通过增产没有、增产增收没有、增收增利没有、增利增效没有、增效增债没有5个方面的连环设问和判断,穷尽各种组合情况,得出资产结构是否合理或是否向合理方向转化的基本判断;资本结构分析功能,主要通过负债及权益构成基本情况、流动负债构成特点、负债变化及其变化原因、权益变化及其变化原因等分析,揭示资本结构的特点及其变化原因;营运能力分析功能,从收入、成本、存货、应收账款、应付账款5个方面之间的关系来评价企业的营运能力,揭示企业营业周期的长短,加速周转的潜力;偿债能力分析功能,从动态、发展、准确计算的角度,判断企业的偿债能力,确定企业负债经营的可行性,准确获得企业能否按期还债、能否增加新债;盈利能力分析功能,从内外资产的盈利能力的比较、实际借款利率与盈利水平的比较,评价企业盈利能力的强弱和可接受程度;经营风险分析功能,通过企业整体的盈亏平衡点和营业安全水平的计算,来准确判断企业经营风险的大小。

1.3.3　企业经营管理52个问题的智能分析

通过企业的财务数据,能够回答许多企业的经营管理问题。其中,凡是能够被描述为定量分析的问题,均可以通过建立数学公式或者模型,用计算的办法来精确回答;凡是能够被描述为定性分析的问题,均可以通过因素穷尽法给予尽可能准确的回答。只有这样,才能实现分析的智能化。通过智能财务分析方法,通常可以回答以下企业经营管理问题:

1. 资产负债方面

(1) 企业资产由什么组成？

(2) 资产规模是否扩大？

(3) 资产增减变化的原因是什么？

(4) 流动资金占用最大的项目是什么？

(5) 负债结构如何？

(6) 流动负债由什么构成？

(7) 流动比率是否合理？

(8) 负债总额的变化原因是什么？

2. 成本费用方面

(1) 企业成本由哪些项目构成？

(2) 销售费用是否合理？

(3) 管理费用变化是否合理？

(4) 财务费用如何变化？

(5) 成本费用使用效率如何？

3. 盈利能力方面

(1) 企业利润的主要来源是什么？

(2) 营业利润为什么变化？

(3) 经营业务盈利能力是否提高？

(4) 盈利能力的基本状况如何？

(5) 内外部资产的盈利能力如何？

(6) 资产盈利能否接受？

(7) 净资产收益率（ROE）是多少？

(8) 总资产报酬率（ROA）是多少？

4. 营运能力方面

(1) 存货周转一次需要多少天？

(2) 企业生产体系的效率如何？

(3) 收回赊账销售货款需要多长时间？

(4) 销售收现能力如何？

(5) 企业销售环节的效率如何？

(6) 供应商的货款能够拖欠多长时间？

(7) 经营活动现金周转一次需要多长时间？

(8) 营运能力整体变化如何评价？

5. 现金流量方面

(1) 现金流入能否满足支出需求？

(2) 现金流出的最大项目是什么？

(3) 现金流动是否稳定？

(4) 现金流动是否协调？

(5) 企业"造血"功能如何？

(6) 现金流动是否充足？

(7) 经营扩张对现金有影响吗？

(8) 现金流动的结果是什么？

6. 还债能力方面

(1) 现金支付能力如何？

(2) 短期借款能否偿还？

(3) 长短期借款能否偿还？

(4) 偿还全部长短期借款需要多长时间？

(5) 短期还债能力是否可靠？

(6) 短期还本付息有无困难？

(7) 长期付息能力有无保证？

(8) 还债能力整体如何？

7. 发展能力方面

(1) 净利润增长率是多少？

(2) 收入增长率是多少？

(3) 总资产周转率是多少？

(4) 注入新资金能否还债？

(5) 盈利水平提高能否还债？

(6) 加速资金周转能否还债？

(7) 资产结构是否合理？

1.3.4　传统财务分析方法和智能财务分析方法的区别

智能财务分析不是简单地通过软件形成财务指标和图形，而是通过多层次、多指标、层层深入、指标随着问题变、下层分析模型随着上层分析结果变的动态分析，对财务和经营数据做出科学判断。它应用科学的分析方法和手段，淡化使用者理论水平和主观认识对分析结论的影响。在过去的财务分析或管理软件中，挖掘输出一系列数据和指标，这些数据和指标是什么经济含义和决策含义还需要用户自己分析，分析者的经验和理论水平对分析结果和分析质量有相当大的影响。通过对软件系统不断升级和完善，财务智能化分析能为企业的运营和发展决策提供科学依据。

智能财务分析除了要加大数据的采集和运用，不断提高财务人员数据处理、分析、判断等方面的能力，还要逐步实现信息系统的智能化，从技术创新方面提高其决策经营效率。智能财务分析能够帮助企业理解业务，认识哪些趋势、非正常情况和行为正对业务产生影响。通过对财务数据进行抽取、清洗和多维分析，实现从宏观到微观、从定量到定性、从广度到深度、从点到面的全面分析，从而迅速查找出影响企业经营变化的主要矛盾。这不仅能总结过去的财务状况，还能为经营管理提供决策依据。

智能财务分析除了可实现商业智能软件所共有的数据仓库、抽取功能、数据挖掘、展现功能以及生成数据的图表功能，还可根据分析问题的需要，不简单地套用现有的理论和方法，通过设计专门、科学的智能化财务分析模型和分析方法，输出客观、准确和可验证的分析结论和管理建议，通过设计分析模型，增加逻辑判断功能，将专家思路和常见的数据处理方法融入系统，利用系统代替人脑的分析和报告撰写工作，提高财务分析的准确性。

智能财务分析以财务报表数据为基础，将分析所需要的数据和企业的实际数据连接起来，通过专家的模型设计和事先大量的工作，让财务数据、分析模型和分析结果有机、动态地连接起来，让计算机代替人进行复杂的计算、分析和逻辑判断工作，深层次挖掘潜在的数据关系，智能化地反映企业经营管理的核心问题，为企业管理和经营决策服务。

智能财务分析不是简单的财务指标分析，而是从经营业绩、成本、资产质量、经营协调性、资金结构、偿债能力、盈利能力、发展能力、现金流量、营运能力等方面入手，对企业的经营和财务状况进行分析诊断，定量、定性回答管理者们普遍关心的问题；智能财务分析不是一般的财务分析体系，而是设计和建立分析指标与模型，进行大量的逻辑运算，得出客观、全面、准确的分析结论的专家系统；智能财务分析不是静态、单一指标的分析诊断，而是动态、灵活、多指标综合分析，帮助企业进行多时期、多单位的动态分析监控，提出决策或管理建议；智能财务分析不是只有图表、没有文字和分析结论的财务分析模块，而是对企业原始数据进行深层次挖掘和分析，最后得出图文并茂、繁简任意的企业经营及财务状况的诊断报告。

本章小结

智能财务分析方法包括准确计算法和因素穷尽法。这两种方法可以分别准确回答定量分析问题和定性分析问题。智能财务分析方法是一个不断寻求准确计算公式、穷尽各种可能情况以得出准确分析结论的探索过程。在不断创新、实践、纠错的探索过程中，会积累大量的智能财务分析方法。这些方法可持续提高智能财务分析水平，并使智能财务分析软件的分析能力超过任何一个专家。

本章习题

名词解释

智能财务分析方法　　　　准确计算法　　　　因素穷尽法

经营业绩因素穷尽评价法

简答题

1. 简述偿债能力准确计算法的基本思路。
2. 简述因素穷尽法分析问题的基本逻辑。
3. 因素穷尽法存在哪些问题？

4. 如何持续完善因素穷尽法？
5. 简述企业盈亏平衡点计算公式的推导过程。
6. 智能财务分析可以回答哪些财务分析问题？
7. 因素穷尽法可以回答哪些财务分析问题？
8. 财务分析智能化的基本原理是什么？
9. 财务分析智能化方法可否推广应用到其他领域？

第 2 章　智能财务分析技术基础

 **学习目的**

1. 了解大数据、云计算、物联网的基本概念。
2. 了解人工智能的主要研究领域和方法。
3. 了解当前软件开发的主流语言和技术框架。
4. 了解智能财务分析软件的业务逻辑架构。

智能财务分析方法的产生,与计算机硬件技术、计算机软件技术、信息通信与处理技术、大数据和云计算技术、人工智能技术等的发展直接相关,它是信息时代、互联网时代、人工智能时代的产物。让机器来代替人从事脑力劳动,让它们会思考、会说话,帮助人类解决各种专业问题的努力已经持续了很长时间。人类社会已经迈入机器制造机器、机器服务人类、机器发明创造产品和解决问题的智能时代。在智能时代,人类解决问题、做出判断、采取行动的能力和效率大幅提升,人类脑力劳动自动化、智能化、科学化水平大幅提升。这是智能财务分析系统产生的客观技术基础。

2.1 物联网、大数据和云计算

计算机、互联网、物联网、区块链的发展,在为我们提供更加准确、可靠、触手可及的财务数据的同时,也为智能化的发展创造了物质基础。计算机的诞生使机器设备具有了数字计算、逻辑推理、存储记忆的能力,并可以在软件程序的指挥下连续、自动运行,快速、高速地进行数据处理、交换信号、转换语音、编辑文字。互联网的诞生将世界各地的计算机连接在一起,形成了一个可以将信息瞬间发送到千里之外的全球网络。移动通信技术的发展,使任何人在任何时间和地点可以向任何人提供数据信息。物联网又将人和物、物和物无缝连接起来,实现了人与物、物与物之间随时随地的沟通、交流和互动。物联网具备全面感知、可靠传递、智能处理三大功能，将感知的信息实时、准确、可靠地传递出去，并借助大数据和云计算对物体实施智能化控制。区块链是一种将不同节点（终端上网设备）生成的信息加密传输、分布式存储的可信网络。在这个网络上的信息具有不可篡改、点对点传输的特点。这些信息技术的发展，使信息传输处理能力及信息传输处理的准确性远远超过人类自身。这些信息技术已经成为新基础设施建设的主要内容。

大数据是在互联网、云计算、移动商务和物联网环境下产生的一个概念，是各种数据资源的总称。这些数据来自于人们生产和生活的各个领域，通过手机、商品、红外线识别、传感器、摄像头、电视等数据采集手段获得，以数字、文字、图片、声音、视频、文本、文件等形式存储，具有增长速度快、数据流量大等特点。在网络平台和云端存储空间的帮助下，人们可以对各种大数据进行分析、处理、分享、关联和应用。云端存储空间一般是某个机构、企业提供的共享存储网络空间，具体表现为通过网络连接的硬件服务器或服务器集群设备。这些设备与用户的终端设备连接，让用户能够随时随地查看、下载、分发、使用云端大数据。云端大数据已经被看作是和工业时代石油一样的战略资源。这类资源已经成为语音识别、智能交通、文本语料、图像识别、社交网络、生活服务、地理定位、视频处理、电子商务等活动所必需的数据，已经在经济生活的各个领域广泛应用。例如，商业银行使用工商、法院、检察院、电信、海关、税务、电商、中央银行等机构的数据进行贷款客户的风险识别和预警，进行客户报表真实性检验、客户经营数据的监控和验证、不良客户的预警和优质客户的发现，就是大数据的一种应用方式。大数据的发展，使人的优秀品质和良好行为通过广泛传播得以弘扬，使各种不法行为得以实时监控和记录，使人类社会的公正性和文明程度大幅提高。

云计算是通过网络将庞大的计算处理程序自动分拆成无数个较小的子程序，再交由网络上的计算机群计算分析之后，将处理结果回传给用户的一种与互联网相关的服务。在这里，"云"就是计算机群，通常是一些大型服务器集群，每个群包括几十万台甚至上百万台计算机，用户通过电子计算机、手机等方式接入互联网的超级计算机,按自己的需求进行运算。云计算借助于网络平台和云端大数据,进行各种目的的分析、分享、筛选、排序、搜索、匹配等行为,以实现过去在小数据、分散数据、非网络环境下无法实现的信息集聚、精确计算、精准定位、机会发现、风险预警等活动。云计算平台为财务管理和财务分析提供了超大规模和超强的计算能力,并能够通过云端服务支持专家远程参与财务管理和财务分析活动。商业管理云计算平台还向用户提供数据库、无限实时定制、强劲分析、实时工作流程审批、可编程云逻辑、实时流动部署、可编程用户界面、身份认证、访问授权、综合防护和安全审计等服务。云计算的发展,使任何一个拥有移动终端(如手机)的普通人都能够实时得到大量免费知识、信息和数据,同时也能够实时上传、添加自己所知道的知识、信息、数据,进而使人类的认知水平持续大幅提高。

 人工智能及智能机器人

人工智能(Artificial Intelligence,AI)是人类创造的具有思考、思维、判断、学习、适应、反应能力的人工系统。它试图了解智能的实质,并以一种新的与人类智能相似的方式做出反应的智能机器,来模拟、延伸和扩展人类智能。美国麻省理工学院的温斯顿教授认为:"人工智能是研究如何使计算机做过去只有人才能做的智能工作。"人工智能涉及知识表示、自动推理和搜索方法、机器学习和知识获取、知识处理系统、自然语言理解、计算机视觉、智能机器人、自动程序设计等多方面的研究内容。人工智能技术目前主要集中于如何让计算机软硬件来模拟人类从事某些思维过程和智能行为。早期的人工智能技术开发主要集中在专家系统和机器学习领域,期望机器能够学习和积累人的经验来自动提高自己的分析能力。现代人工智能技术的发展期望用手写、语音、拍照、手势、脑波来操作、感知计算机、手机、可穿戴设备等数字终端,让人机交互和人类交流一样简单自然。从思维观点看,现代人工智能技术要实现的不仅仅是逻辑思维,

还要进行形象思维和灵感思维，以真正实现智能。为了实现这一目的，语言识别、语音识别、图像识别、情感识别、机器视觉、机器学习、情感感知、环境感知技术在近年来获得了快速发展。

从技术实现角度来看，人工智能主要沿着3条路线展开：一是模拟人类各种逻辑分析和专业判断的专家系统，这种系统通常是基于规则的人机交互系统；二是模拟各种现实数字世界，建立各种认知模型，自动识别和不断学习的机器学习技术，这种技术期望建立各种模型来识别客观世界；三是模拟人类体力和智力行为，驱动设备像人一样从事各种劳动。

2.2.1 专家系统

人工智能技术应用广泛的一个领域是专家系统。它是一个含有大量某个领域的专家知识和经验，并用以解决该领域实际问题的智能计算机程序系统。它模拟人类专家的决策过程进行推理和判断，以解决那些需要人类专家处理的复杂问题。一个专家系统通常由人机交互界面、知识库、推理机、解释器、综合数据库、知识获取6个部分构成。其中，人机交互界面是用户输入基本信息，回答系统提出的相关问题，输出推理结果及相关解释的对话界面；知识库中包含了模拟专家推理和判断所需要的各种知识和经验；推理机是针对当前问题的条件或已知信息，反复匹配知识库中的知识，得出结论的过程和机制。智能财务分析系统就是一种典型的专家系统。目前专家系统已经和人工智能的其他技术相结合，逐渐向机器智能、智能机器人方向发展。

让机器轻松听懂人类语言的语音识别技术近年来获得迅速发展，它包括语音输入、声音提取、语义理解（理解交流信息）、声纹识别（提取说话人的语音身份特征，提供声纹鉴别和声纹确认）、语音识别（将语音转化为文本）、语音合成（将后台知识库的内容合成为语音文件）、语音质检（语音转写、话者分离、静音检测、语速检测、说话人辨析）等技术，这些技术将语音转化为文本，将文本转化成声音，让机器和人一样实现能说会道，使人类能够通过声音控制让机器完成大量工作。例如，随着深度学习技术的发展，机器翻译质量获得快速提升。目前人工智能翻译系统可以实现多种动听声音的合成和多国语言的翻译转换，让说不同语言的人们之间可以畅通无阻地交流。

2.2.2 机器学习和深度学习技术

让机器具有经验积累和学习能力，以不断提高自己性能的机器学习技术，近年来获得了迅速发展。Alpaydin（2014）认为"机器学习是用数据或以往的经验，优化计算机程序的性能"。它是一门研究机器识别现有知识、获取新知识和新技能的学问。深度学习是模拟人脑进行分析学习的多层神经网络系统，它模仿人脑机制来解释和处理数据，通过组合低层特征形成更加抽象的高层表示属性类别或特征，以发现数据的分布式特征表示。深度学习本质上是机器学习技术的一种，主要包括5方面内容，即问题理解与分析、训练环境构建、数据管理、模型训练及生产应用。其核心是如何将实际业务问题转换为深度学习可以解决的技术问题。目前比较知名的深度学习技术方法包括伯克利视觉和学习中心开发的Caffe、微软推出的开源深度学习框架CNTK、LISA开发的基于Python的Theano、Google主推的TensorFlow，以及Torch、MxNet等，这些技术在图像识别、情感识别、环境识别等感知领域均得到实际应用。

图像识别技术（机器视觉）发展的目的是让机器能够看懂人和物，它包括文字图像识别、数字图像识别和物体识别三大类。文字图像识别技术已经应用于名片识别、票据识别、证照识别等领域。数字图像识别是基于数学形态学的图像分割、基于小波变换的分割、基于遗传算法的分割等新方法。物体识别主要指对三维世界的客体及环境的感知和认识，它以数字图像处理与识别技术为基础。随着高清广角摄像头、高清互动触摸彩色液晶屏、各种传感器、红外线射频识别技术、扫码技术、问题交换知识库、自动应答和伺服系统、GSP全球卫星定位系统、智能搜索和专家系统的发展，图像识别和感知技术获得了快速发展，已经能够得到对特定环境变化感知的程度。但是，让机器能够看得见、看得懂，能够和人一样观察外部世界，还需要付出艰苦的努力。

情感识别是让计算机观察人的表情、行为、环境来推理情感状态，主要包括情感特征识别、面部表情识别、人体姿态情感识别、语音情感识别、生理信号情感识别等内容。情感计算是通过提取人的生理特征信号（皮电、肌电、心电、皮温、脉搏、脑电、呼吸信号等）识别情感状态。近年来，随着面部生物特征识别人脸表情的人脸表情识别技术的发展，以及根据声带、口腔、鼻腔结构等声音特质识别人类语气和说话情绪的语音情绪识别技术发展迅速，机器理解人类语言、面部表情、手势和情感意图的能力有了一定进展。

2.2.3 机器人技术和财务机器人

机器人（Robot）是自动执行工作的机器装置。它既可以接受人类指挥，又可以运行预先编排的程序，还可以根据以人工智能技术制定的原则纲领行动。机器人已经广泛应用于汽车、电子、纺织、食品、化妆品、医药等制造业，建筑业以及其他具有重复性劳动、具有危害健康或危险性质工作的领域。一般机器人具有传感信息（包括视觉、听觉、触觉、接近觉、力觉和红外、超声及激光等）处理、控制与操作的能力，其通常受控于外部计算机，动作由外部计算机的智能处理单元发出控制指令指挥。智能机器人具有感知、处理、决策、执行等模块，可以像人一样独立地活动和处理问题。

从用途来看，机器人可以分为工业机器人、农业机器人、服务机器人等。工业机器人目前有焊接机器人、装配机器人、喷漆机器人、码垛机器人、搬运机器人等。农业机器人以动植物等复杂作业对象为目标，主要从事耕种、施肥、喷药、蔬菜嫁接、株苗移栽、采摘、收割、灌溉、养殖和各种辅助操作等农业领域的作业。空间作业机器人在大气层内和大气层外从事各种作业，包括在内层空间飞行并进行观测、到外层空间进行探测等。服务机器人是一种以自主或半自主方式运行，能为人类生活、康复提供服务的机器人，或者是能对设备运行进行维护，如步行机器人、写字机器人、奏乐机器人、玩具机器人、助老助残机器人、教育娱乐机器人、医疗机器人、水下作业机器人、扫地机器人等，目前在医疗、护理、执勤、救援、娱乐、清洁、设备维护保养等领域获得广泛应用。

财务机器人(Robotic Process Automation,RPA)是基于计算机编码和规则的流程自动化软件,它可代替人工来执行高度可重复的工作。财务机器人通过执行重复的基于规则的计算机处理程序来完成一项任务。这项任务的流程必须明确,并可转化为指令和输入(不得有没有提前定义的例外情况),以外挂的形式在用户的现有系统上实现鼠标单击、键盘输入、复制、粘贴等一系列日常计算机基本操作。财务机器人目前仅仅是一种以固定操作流程完成日常业务工作的自动化系统,还没有达到智能化的程度。

智能财务机器人要能够使用人工智能技术自动识别发票等原始单据,通过内置财务机器人(如审核机器人、收付机器人、记账机器人、对账机器人、结账机器人、报表机器人等)实现财务的自动审核与记账。通过智能财务机器人的自主学习和完善,实现自我认知,完成智能报表的出具。智能财务机器人要能够优化财务流程、提高效率,并从感知能力、计算能力、认知能力等方面提高精度,实现智能财务应用。智能财务分析系统驱动的财务分析机器人,基本上具备了这种对数据的分析能力。

智能财务分析软件开发

2.3.1 用 Excel 开发智能财务分析软件

Excel 作为当前比较流行的电子数据处理软件,功能比较强大。利用它可以定义准确计算公式和因素穷尽办法,实现财务分析的智能化。通过 Excel 的函数设置功能,可以设置和引用 Excel 文件中的各种原始数据,定义新的计算公式,并使之自动生成计算结果。Excel 还具有"智能重算"功能,当原始引用的单元格数据变动时,Excel 会自动基于新数据更新计算结果。通过 Excel 也可以定义各种图表。当原始数据变更时,所定义的分析图表会自动更新。通过 Excel 提供的"AND""FALSE""IF""NOT""OR""TRUE"逻辑判断函数,可以定义各种基于计算的逻辑判断，并生成判断文字。通过 Excel 的“CONCATENATE”函数，可以将逻辑判断生成的文字，组合成一段比较复杂的文字描述和文字分析结论。借助于 Excel 软件，完全能够实现智能财务分析，让计算软件生成财务分析报告。

1. 用 Excel 定义可自动、生成、判断的图表和文字

在 Excel 文件中建立原始数据表，如资产负债表、利润表及现金流量表，并使原始数据表中有被分析企业不同时期的数据。

建立新的“智能财务分析”Sheet 页，在其上定义要分析的图、表、文字及报告模板，见图 2-1。

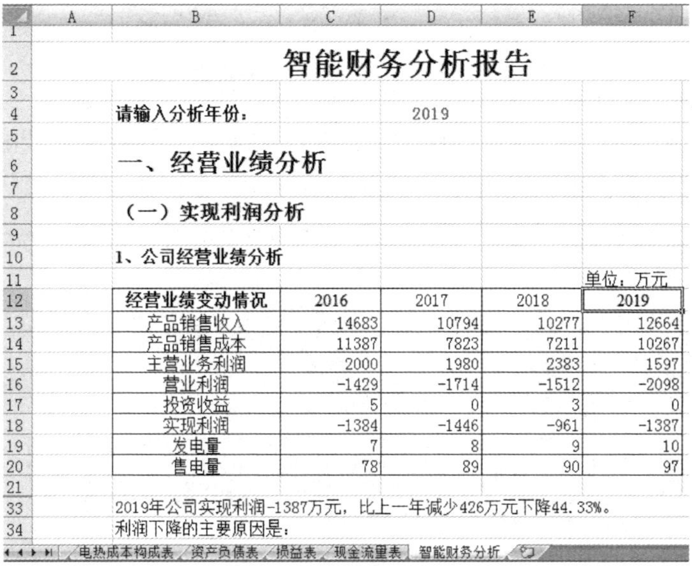
智能财务分析报告

请输入分析年份：　2019

一、经营业绩分析

（一）实现利润分析

1、公司经营业绩分析

单位：万元

经营业绩变动情况	2016	2017	2018	2019
产品销售收入	14683	10794	10277	12664
产品销售成本	11387	7823	7211	10267
主营业务利润	2000	1980	2383	1597
营业利润	-1429	-1714	-1512	-2098
投资收益	5	0	3	0
实现利润	-1384	-1446	-961	-1387
发电量	7	8	9	10
售电量	78	89	90	97

2019年公司实现利润-1387万元，比上一年减少426万元下降44.33%。

利润下降的主要原因是：

电热成本构成表　资产负债表　损益表　现金流量表　智能财务分析

图 2-1　智能财务分析报告模板

在定义自动生成表时，原始指标和数据可以直接从原始表中引用。非原始数据需要通过在单元格中定义计算公式或计算函数，通过对原始数据的计算获得。公式或函数定义好之后，系统会自动计算并展示计算结果。如图 2-2 中的存货比率，可以通过资产负债表中的平均存货与平均流动资产之比获得，在单元格中输入“=((资产负债表!C17+资产负债表!D17)/2)/((资产负债表!C25+资产负债表!D25)/2)”之后，Excel 软件会自动计算生成计算结果。

	A	B	C	D	E	F	G
374							
375		在公司总资产中，实际投入到内部经营的资产数量为34873万元，比上年减少4.94%，占企					
376		业总资产的99.27%。内部经营资产下降显示，由公司自己可以控制的用来创造利润的资产					
377		减少，企业资产的质量下降。					
378		固定资产平均年龄有所提高，固定资产趋于老化。固定资产使用时间过长，应当关注生产设					
379		固定资产更新有所放慢。					
380							
381		（二）资产结构分析					
382					单位：%		
383		资产结构分析	2017	2018	2019		
384		流动资产率	61.85%	61.14%	67.26%		
385		存货比率	39.80%	36.87%	36.85%		
386		应收帐款比率	39.81%	37.70%	43.14%		
387		对外投资率	0.00%	0.17%	0.17%		
388		在建工程率	0.00%	1.46%	1.93%		
389							
390							
391		从公司资产结构来看，2019年公司在建工程所占的比例为1.93%。在建工程基本不变。					
392							
393		公司对外投资所占的比例为0.17%。对外投资基本不变。					
394							
395		从公司内部经营资产的结构来看，存货比例基本不变。					
396		应收账款比例有所上升，应关注收帐政策的合理性、有效性。					
397		流动资产比例有所上升，当年销售收入也同时上升，业务有所扩大。					

图2-2　自动计算并生成财务分析指标表

在定义自动生成图时，可以引用原始表数据，也可以引用智能财务分析 sheet 页定义的新指标和数据。如图2-3，在定义自动计算生成"近三年公司利润构成情况"图时，直接引用"智能财务分析"页新定义的指标。

	A	B	C	D	E	F	G
	B203		fx	=CONCATENATE("从公司利润构成来看，",D4,"年公司实现利润的",ROUND(E197			
197		主营业务利润	121.30%	167.33%	150.47%		
198		其他业务利润	-2.77%	-9.99%	0.94%		
199		投资收益	0.00%	-0.31%	0.00%		
200		营业外收支净额	-18.53%	-57.02%	-50.54%		
201		实现利润	100.00%	100.00%	100.00%		
202							
203		从公司利润构成来看，2019年公司实现利润的150.47%来自于主营业务，0%来自于投资收					
204		益，-50.54%来自于营业外收支。主营业务在公司占比非常重要的位置。					
205		从近三年来公司的利润构成来看，主营业务盈利情况并不稳定，尽管2017年投资收益所占					
206		的比例有所下降，但近两年有上升趋势。投资收益的重要性日益提高，要求我们切实加强					
207		对外投资的管理，防范投资风险，提高投资收益的稳定性。					

图2-3　自动生成的分析图和分析文字

定义自动生成文字相对复杂，主要通过使用函数"CONCATENATE"实现。以图2-3为例，在单元格中可以定义如下的表达式

=CONCATENATE("从公司利润构成来看,",D4,"年公司实现利润的",ROUND(E197*100,2),"%来自于主营业务,",ROUND(E199*100,2),"%来自于投资收益,",ROUND(E200*100,2),"%来自于营业外收支。",IF(E197>0.5,"主营业务在公司占非常重要的位置。",""),IF(E199>0.5,"对外投资在公司占非常重要的位置。",""))

这个函数由两部分文字组成:一部分是直接描述构成利润的各个部分的占比,将相关数值读取并用文字描述出来;另外一部分是判断在构成利润的科目中,哪个科目占实现利润的比例超过了50%,并根据超过50%的科目不同,输出不同的文字。在第二部分文字中使用了"IF"逻辑判断语句。

将需要自动生成的各种图、表、文字定义好之后,能够自动生成财务分析报告的Excel智能财务分析模型就完成了。在进行不同企业的财务智能分析时,只需要将前面的原始报表数据替换就行了。本例只需要替换"成本构成表""资产负债表""利润表""现金流量表"中的数据。替换之后,"智能财务分析"页就可以看到自动生成的新的企业或新的时期的财务分析报告了。将替换之后的文件另存为一个新的企业或新的时期的智能分析模板,以后就可以重复使用。

2. Excel软件实现智能财务分析存在的主要问题

Excel存在以下难以克服的缺陷:

(1)Excel的智能财务分析模板只能用一个文件分析一个企业一个时期的财务状况,不能同时进行不同企业、不同时期的智能财务分析。要进行不同企业的智能财务分析,必须建立新的文件,使用新的文件。

(2)Excel建立的智能分析功能在不同Excel文件之间整合比较困难,难以将在不同文件针对不同企业所建立的分析模型整合到一个文件,供不同企业使用。要实现分析模型的整合,必须将模型建立在一个文件中,在其他企业分析使用时必须将这个文件另存为新的供其他企业使用的文件。

(3)不仅不同企业的智能分析需要建立不同的Excel文件(在同一文

件中会导致查询混乱），而且同一企业的不同时期的智能分析，也需要建立不同的 Excel 文件（建立在同一文件中会导致 Sheet 页过多）。这导致历史数据的积累、管理、查看比较困难。

（4）进行较为复杂的分析需要调用多张报表中的数据，使用多个分析模型。这常常导致数据引用错误和混乱。

（5）由于定义的模型只有在查看单元格时才可见，导致在多指标、多层次计算时，计算公式和计算结果数据的先后顺序比较复杂，容易产生错误。

（6）历史数据的保存、查看、维护、更新使用均比较困难。

2.3.2 用软件编程语言开发智能分析软件

使用软件开发程序编写语言开发智能财务分析软件，可以按照用户需求编写出各种各样、各种类型的软件。从目前软件技术发展来看，只要人类能够想到、能够设计出来的分析需求，计算机软件编写程序都能够实现，因此它能够完全克服由 Excel 软件编写的智能财务分析模型所带来的各种问题和缺陷。当前比较流行的软件编写程序是 Java 和 Python 两种语言。开发环境举例见表 2-1。

表 2-1　软件开发环境举例

项目	举例
操作系统	Linux、Windows、Unix 等当前主流操作系统
数据库	Oracle、db2、sql2008、Sybase、MySQL、PostgreSQL 等
中间件	Tomcat、Weblogic、Websphere
开发工具	Ecplise、Flash builder、Python
开发语言	Java、jdk1.6、Python

1. J2EE 平台

J2EE 是第二代企业级 Java 语言开发平台（Java 2 Enterprise Edition，简称 J2EE）。Java 语言是一门面向对象编程语言，它吸收了 C++ 语言的各种优点，摒弃了 C++ 里难以理解的多继承、指针等概念，具有功能强大和简单易用两个特征。Java 具有简单、面向对象、分布式、健壮性、安全性、平台独立与可移植性、多线程、动态性等特点。使用 Java 语言，可以编写桌面应用程序、互联网云端应用程序、分布式系统和嵌入式系统应用程序。采用 J2EE 平台开发，可以保证网络发展的一致性，增强网络的兼容性，适用不同设备、不同应用、不同操作系统，整个网络从设计、技术和设备的选择，支持国际标准的网络接口和协议，以提供高度的开放性。

（1）以 J2EE 为核心的技术线路。

J2EE 是一种利用 Java 2 平台来简化企业解决方案的开发、部署和管理相关复杂问题的体系结构。J2EE 技术的基础是核心 Java 平台或 Java2 平台的标准版。J2EE 不仅巩固了标准版中的许多优点，如"编写一次、随处运行"的特性、方便存取数据库的 JDBC API、CORBA 技术以及能够在 Internet 应用中保护数据的安全模式等，而且还提供了对 EJB（Enterprise JavaBeans）、Java Servlet API、JSP（Java Server Pages）以及 XML 技术的全面支持。其最终目的就是成为一个能够使企业开发者大幅缩短投放市场时间的体系结构。

J2EE 体系结构提供中间层集成框架，用来满足无须太多费用而又需要强可用性、高可靠性及可扩展性的应用的需求。通过提供统一的开发平台，J2EE 降低了开发多层应用的费用和复杂性，同时提供对现有应用程序集成的强有力支持，完全支持 Enterprise JavaBeans，有良好的向导支持打包和部署应用，添加目录支持，增强了安全机制，提高了性能。

（2）J2EE 的优势。

J2EE 为搭建具有可伸缩性、灵活性、易维护性的商务系统提供了良好机制。

1）保留现存的 IT 资产。由于企业必须适应新的商业需求，所以利用已有的企业信息系统，而不是重新制订全盘方案就变得很重要。这样，一个以渐进的（而不是激进的、全盘否定的）、建立在已有系统之上的服务器端平台机制是公司所需要的。J2EE 架构可以充分利用用户原有的投资，如一些公司使用的 BEA Tuxedo、IBM CICS、IBM Encina、Inprise VisiBroker 及 Netscape Application Server。这之所以成为可能是因为 J2EE 拥有广泛的业界支持和一些重要的"企业计算"领域供应商的参与。每一个供应商都对现有的客户提供了不用废弃已有投资,就可进入可移植的 J2EE 领域的升级途径。由于基于 J2EE 平台的产品几乎能够在任何操作系统和硬件配置上运行,现有的操作系统和硬件也能被保留使用。

2）高效的开发。J2EE 允许公司把一些通用的、很烦琐的服务端任务交给中间件供应商去完成,这样开发人员可以把精力集中在如何创建商业逻辑上,相应地缩短了开发时间。

高级中间件供应商提供以下复杂的中间件服务:

状态管理服务——开发人员写更少的代码,不用关心如何管理状态,这样能够更快地完成程序开发。

持续性服务——开发人员不用对数据访问逻辑进行编码就能编写应用程序,能生成更轻巧、与数据库无关的应用程序,这种应用程序更易于开发与维护。

分布式共享数据对象 CACHE 服务——开发人员可编制高性能的系统,极大地提高整体部署的伸缩性。

3）支持异构环境。J2EE 能够开发部署在异构环境中的可移植程序。基于 J2EE 的应用程序不依赖任何特定操作系统、中间件及硬件,因此设计合理的基于 J2EE 的程序只需开发一次就可部署到各种平台。这在典型的异构企业计算环境中十分关键。J2EE 标准也允许客户订购与 J2EE 兼容的第三方现成的组件,把它们部署到异构环境中,节省了由自己制定整个方案所需的费用。

4）可伸缩性。企业必须选择一种服务器端平台,它能提供极佳的可伸缩性,以满足那些在它们系统上进行商业运作的大批新客户。基于 J2EE 平台的应用程序可被部署到各种操作系统上。例如,可被部署到高端 UNIX 与大型机系统,这种系统单机可支持 64～256 个处理器（这是 NT 服务器所望尘莫及的）。J2EE 领域的供应商提供了更为广泛的负载平衡策略,能消除系统中的瓶颈,允许多台服务器集成部署。这种部署可达数千个处理器,实现可高度伸缩的系统,满足未来商业应用的需要。

5）稳定的可用性。一个服务器端平台必须能全天候运转以满足公司客户、合作伙伴的需要。因为 Internet 是全球化的、无处不在的，即使在夜间按计划停机也可能造成严重损失。若是意外停机，那会有灾难性后果。J2EE 部署到可靠的操作环境中，支持长期的可用性。一些 J2EE 部署在 Windows 环境中，客户也可选择健壮性能更好的操作系统如 Sun Solaris、IBM OS/390。最健壮的操作系统可达到 99.999% 的可用性或每年只需 5 分钟停机时间。这是实时性很强商业系统理想的选择。

（3）J2EE 的四层模型。

J2EE 使用多层的分布式应用模型，应用逻辑按功能划分为组件，各个应用组件根据其所在的层，分布在不同的机器上。事实上，J2EE 设计的初衷正是为了解决两层模式（Client/Server）的弊端。在传统模式中，客户端担当了过多的角色而显得臃肿。在这种模式中，第一次部署的时候比较容易，但难于升级或改进，可伸展性也不理想，而且经常基于某种专有的协议是某种数据库协议，使得重用业务逻辑和界面逻辑非常困难。现在 J2EE 的多层企业级应用模型将两层化模型中的不同层面切分成许多层。一个多层化应用能够为不同的每种服务提供一个独立的层。图 2-4 显示了 J2EE 典型的四层结构：运行在客户端机器上的客户层组件；运行在 J2EE 服务器上的 Web 层组件；运行在 J2EE 服务器上的业务逻辑层组件；运行在数据库服务器上的企业信息系统（Enterprise Information System，EIS）层软件。

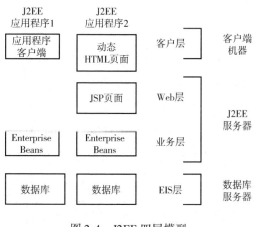

图 2-4　J2EE 四层模型

2. Python 语言

Python 是一种解释型脚本语言，主要应用于互联网语言 Web 和 Internet 应用开发、科学计算和统计应用软件开发、人工智能系统开发、前端桌面界面开发、软件系统开发、后端服务平台开发、网络爬虫功能开发。它具有以下特点：

（1）可移植性。Python 是开源软件系统，是一种跨平台的编程语言。它已经被移植应用到不同的操作系统平台之上，包括专业机构常用的 Linux 平台、一般用户使用的 Windows 平台以及 FreeBSD、Solaris 等专用平台，它还可以应用到平板、手机等移动终端平台如 PocketPC、Symbian 以及 Google 基于 Linux 开发的 Android 上。

（2）丰富强大的库。Python 自带包含解决各种问题的类库。无论实现什么功能，都有现成的类库可以使用。由于是开源软件，在标准库中没有提供功能，但一般能够在开源项目库中可以找到。合理使用 Python 自带的类库和开源项目提供的类库，能够快速地实现功能，满足业务需求。

（3）可扩展性。Python 的可扩展性体现在模块化的类库中，这种类库覆盖了文件输入输出 I/O、用户交互界面 GUI、网络编程、数据库访问、文本操作等绝大部分应用场景。其他语言，如 C 语言或 C++ 语言编写的代码能够在 Python 程序中直接使用。

目前人工智能中机器学习功能的开发大量运用 Python 语言。

3. 智能分析软件的技术架构

从技术架构来看，迄今为止财务信息化软件经历了 3 个发展阶段：第一阶段是 DOS 平台下的财务核算软件；第二阶段是 Windows 平台下的核算软件，虽然由 DOS 向 Windows 转化，但其管理实质没有多大改变，从字符界面过渡到图形界面，为用户提供了更易用、更人性化的服务；第三阶段是基于 Internet/Intranet 平台的管理型软件和客户端/服务器结构的网络版核算软件并存的时期。进入 21 世纪，主流软件技术已经从过去的客户端/服务器（C/S）结构转化为浏览器/服务器（B/S）结构。比较流行的应用架构是各个模块完全独立封装和重用，展现层（显示层）、业务逻辑处理层（中间层）和数据库管理层形成三层开放架构，见图 2-5。

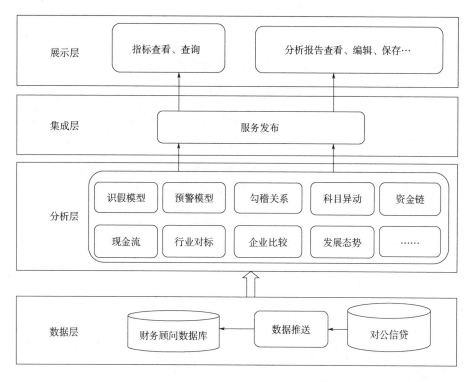

图 2-5 智能财务分析软件技术架构

三层开放架构的系统设计采用分布式、松耦合的体系结构,各个软件部分之间并不像传统软件体系那样是直接相关的,只要事先规定了一定的软件规范,替换、升级及增加软件系统中的软件部分,对于整个系统影响很小甚至没有影响,因而大大提高了软件系统的可扩展性。系统面向对象进行模块化开发,系统模块完全独立封装,对某个功能的修改、增加不会影响其他功能的使用。对整个软件架构和数据库的设计一般均会留有接口,以方便后期增加功能。系统开发采用流行的、跨平台的开发语言,保证软件系统平滑地扩充到不同的应用平台。

本书介绍的智能财务分析系统采用 B/S 架构,用标准的 J2EE 语言开发,后台采用前端、后端分离模式开发。数据库使用 Oracle 或 DB2,企业财务数据通过信贷系统获取,保证系统一致性、安全性和易维护性。

系统前后台完全独立,通过接口方式调用,实现前后台的交易展示。业务层是代表了所有与分析模型业务逻辑的组件,处于数据层和用户业务层之间。其本身不包括任何用户界面,完全独立封装,可重复使用,为用户业务层提供系统所需的相关服务,其通用性也对未来开发和实施应用程序提供了很大的帮助,保证系统的安全性和易维护性。

4. 智能分析软件的业务实现逻辑框架

从业务逻辑来看,系统主要有导入数据管理、财务分析处理、报告生成管理和系统维护管理等功能模块。数据通过数据接口互相调用和交换。客户端通用 IE 浏览器访问。用户原始数据通过数据转换器进入分析系统,然后按照已经设计的功能模块进行数据分析处理,需要进行逻辑判断和大量计算的工作交由运算器完成,不需要运算的分析处理结果可直接通过功能运算输出结果,最终均通过展示层交给用户界面展现,见图2-6。

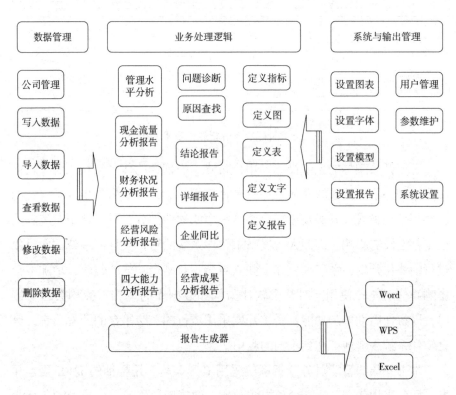

图2-6 智能财务分析软件业务逻辑架构

由于系统中的各个组件本身有良好的封装性与独立性,主要在展示层体现各项功能和操作。分析模型业务层是代表了所有与分析模型业务逻辑的组件，处于数据层和用户业务层之间。其本身不包括任何用户界面，是完全独立封装、可重用的业务对象，为用户业务层提供系统所需的相关服务，其通用性也对将来开发和实施应用程序提供了很大的帮助。数据层在功能服务、操作系统和共享服务提供的服务基础上对数据进行管理，并向通用业务逻辑层提供标准化的开放访问接口。三层架构设计的优点：一是保证系统的可扩张性和拓展的灵活性；二是通过展示层、业务层和数据库的隔离，可保证和提高数据的安全性；三是可实现维护、使用灵活性和集中管理的最佳结合。

总之，智能化财务分析软件是一个能够帮助企业进行财务分析和经营诊断的智能化工具，是一个能够自动分析和诊断企业经营和财务状况的专家系统，是一个能够对企业经营状况做出客观、准确分析和判断的人机交互系统，是一个具有方法新、内容新、实现形式新、使用简单、容易理解等特点的智能化软件。它可以大幅降低手工计算分析可能出现的错误或写作笔误，能够大幅提高财务分析工作的质量和效率，能够积累他人的正确的分析思路、方法，使用他人成功的分析经验、指标，得出更加科学的分析结论。它通过计算机软件的复制、模型的升级和知识的传播，进行财务分析知识和经验的交流和传递，可广泛提高分析问题和判断问题的及时性、准确性、客观性，能够促使财务分析水平迈上一个新的台阶。它能够根据实际持续地通过软件升级对模型和分析思路进行添加和完善，提升财务分析水平。

本章小结

智能财务分析系统诞生于计算机信息技术持续发展、软件编程技术和终端设备处理技术日益成熟的基础之上，它一般使用 J2EE 或 Python 语言等程序编写工具开发，能够实现模块化封装和复用、跨平台安装部署、前后台分离式应用，能够灵活满足不同硬件平台、不同操作系统、不同诊断展示工具的需要。基于专家系统、机器学习等人工智能思想和面向对象的跨平台程序编写的智能化财务分析系统，可以将智能化应用部署到各个企业管理信息化系统之中，可以实现不同系统的无缝对接。

 **本章习题**

名词解释

互联网	物联网	区块链	大数据
云计算	人工智能	专家系统	人机交互界面
推理机	机器学习	深度学习	机器视觉
图像识别	情感识别	生物特质识别	机器人
财务机器人	J2EE 平台	Excel 智能分析模型	
四层模型	三层架构	前后台分离	业务层
数据层			

简答题

1. 简述当前互联网技术的发展现状和趋势。
2. 简述当前人工智能技术的发展方向和主要应用领域。
3. 简述 J2EE 平台的优点。
4. 简述 Python 语言的跨平台属性。
5. 简述 Excel 软件开发智能分析模型的优缺点。
6. 多层架构的软件系统有什么优点?
7. 智能财务分析系统业务逻辑由哪几部分组成?
8. 财务机器人与一般意义上的机器人有什么区别?

第 3 章　智能财务分析数据管理

 **学习目的**

1. 了解企业行业属性的作用。
2. 掌握报表智能导入原理和方法。
3. 掌握勾稽关系验证的原理和方法。
4. 掌握OCR识别导入的原理和方法。

智能财务分析是基于企业财务报表数据的自动分析,它首先需要将财务报表数据导入系统。由于财务报表因国家会计准则及制度的调整在不同时期存在差异,不同企业也因经营业务不同在财务报表科目和内容设置上存在差异,这就需要智能财务分析系统能将不同格式和内容的财务报表智能地导入系统。为了检查数据导入的正确性,智能财务分析系统需要具备报表查看、修改、导出等功能。为使不同报表格式数据在不同系统之间传递或统一存储到一种格式的系统中,系统需要能够将不同格式的报表进行智能转换。在数据导入之后,为了进行比较,需要导入行业比较分析参数和行业比较标准值,需要系统中的企业具有行业属性,以使系统按照行业不同实现差异化处理。有了这些基本的数据管理功能,智能财务分析系统就可以自动对企业的报表进行分析,自动生成各种事先设置或用户自定义内容的分析报告。

智能企业信息管理

3.1.1 智能企业信息管理的内容

智能分析首先需要建立分析主体并对相关信息进行修改和管理,以适应不断变化的客观实际。这就需要对分析主体的名称、编码、属性、行业、地区等进行创建和管理。在智能财务分析系统中,分析主体是企业,企业名称是智能分析下默认的分析对象，它要能够修改。不同企业用企业代码加以区分。企业代码是系统区别不同企业的关键标识码，一旦设置，不能修改。若企业已经发生了很大变化，可以建立一个新的企业代码，形成一个新的分析主体。这样就可以保留企业过去的信息，同时对新的企业进行分析。

企业因所有制的不同而在管理模式、经营风险、决策机制上存在较大差异，这种差异在财务分析中会表现为企业还债能力、营运效率的判断标准差异。因此，系统需要设置企业属性，以自动对企业进行差异化处理。

遵从财务分析的习惯做法，智能分析系统也包含了基于行业差异的财务分析功能。企业的行业属性对于使用行业差异化参数功能比较重要，它决定了基于行业参数的智能分析功能在分析判断时所调用的参数和标准值差异。不同行业由于分析参数的差异，会形成分析思路、路径的差异。系统使用者可以根据不同时期，设置不同的行业参数，得出不同的分析结论。行业标准值在企业与同行业水平比较时使用，以确定企业在行业中所处的位置。行业标准值也用于企业打分排名，以确定企业与行业值比较之后的评价结果。因此，行业属性的差异对使用行业值的功能模块来说非常重要，它决定了行业分析参数值的差异，决定了分析思路、路径、指标和结论的差异。一般来说，进行行业比较分析的功能、进行因素穷尽分析的功能均需要使用行业值，前者直接用于分析判断，后者辅助系统选择分析路径和指标。

目前行业有如下4种划分标准：一是国家统计局发布的国家行业标准，一般是四级行业分类，共1 860多个细分行业；二是中国证券监督管理委员会的行业划分，通常是90多个；三是对上市企业进行的"申万行业"分类，大概有160多个行业；四是国务院国有资产监督管理委员会为了进行企业之间的绩效考核和发布行业绩效考核标准值，也进行了三级行业的划分。按照不同的行业划分标准，所得出的行业标准值有所差异。企业在进行行业比较分析时，可以选择这些不同的行业分类和行业标准值。

运用企业的地区属性可以对同一地区的企业、不同地区同一行业的企业，或者不同地区的企业进行比较。地区划分使用国家行政区划标准。随着企业经营业务的变化，企业有可能从一个行业转变成为另外一个行业，也有可能从一个地区迁移到另外一个地区。因此系统中的行业属性和地区属性用户均可以修改。

3.1.2 智能企业信息管理应用技巧

创建一个企业的具体操作如下：

（1）在"客户管理"界面单击"添加客户"按钮，打开对话框，在对话框"客户名称""客户代码"依次输入企业名称与企业代码，选择企业规模、企业属性、所属行业及地区，单击"添加"按钮，在弹出的信息框单击"确定"按钮，完成企业的建立，见图3-1（在本书介绍的智能财务分析系统中，客户是指企业）。

图3-1　企业的创建

（2）已建立的企业可以在"客户信息列表"中查看。在当前界面还可以对已有企业进行删除和修改。单击"删除"可从数据库中删除企业，单击"修改"可对企业属性信息进行修改，见图3-2。

客户信息列表——							
客户名称	客户代码	客户类型	所属国标行业	所属用户	所属机构	操作	
京东方A	000000	他人客户	仪器仪表制造业	郭智忠	北京分公司	已关注	
新疆金特钢铁股份有限公司	0000000000	我的客户	黑色金属冶炼和压延加工业	智泽华	智泽华	删除 修改 关注	
大麦科技	000654	他人客户	软件和信息技术服务业	中华轩	杨远超	关注	
SSJD	003	他人客户	汽车零配件批发	中配全链宋	武	关注	
北京华创未来公司	003232	他人客户	电力、热力、燃气及水生产和供应业	中华轩	杨远超	关注	
北京聚恒博联科技有限公司	007	他人客户	环境监测专用仪器仪表制造	一纸离歌	北京分公司	关注	
华西	0084f900000000ac	我的客户	农、林、牧、渔业	智泽华	智泽华	删除 修改 关注	
智泽华	012345	我的客户	软件和信息技术服务业	智泽华	智泽华	删除 修改 关注	
金海扬帆	02	他人客户	汽车零配件批发	中配全链宋	武	关注	
JD	023121	他人客户	零售业	中华轩	杨远超	关注	

共242条　上一页　1　2　3　4　5　6　…　尾页　下一页

图3-2　企业的修改删除

3.1.3　智能企业信息管理应用案例

1. 企业名称应用

案例一：分析报告

系统生成的企业财务分析报告，报告主体会根据企业名称自动识别。以生成智泽华2017年财务分析详细报告为例，下载至本地的Word版财务分析详细报告名称带有"智泽华""2017年"字样，并且生成的分析报告内容描述也会自动识别出企业名称及分析时期，在报告内显示，见图3-3和图3-4。

名称	修改日期	类型	大小
智泽华2017年财务分析详细报告	2020-03-03 16:20	Microsoft Office Word 97 - 2003 文档	1,123 KB

图3-3　分析报告自动生成提示

一、资产结构分析

1.资产构成基本情况

智泽华2017年资产总额为9,701,462.41万元，其中流动资产为1,456,749.23万元，主要分布在货币资金、其他应收款、其他流动资产等环节，分别占企业流动资产合计的72.95%、11.91%和3.62%。非流动资产为8,244,713.18万元，主要分布在长期投资和其他非流动资产，分别占企业非流动资产的89.45%、4.8%。

图3-4　分析报告中的分析主体和时期

案例二：指标查看

智泽华2016年、2017年、2018年偿债能力指标展示见图3-5。

智泽华指标结果展示

指标名称	2018年	变化比率	2017年	变化比率	2016年	变化比率
流动比率(%)	62.09	-3.18%	64.13	-1.26%	64.95	-12.43%
速动比率(%)	61.10	-3.93%	63.60	-1.58%	64.62	-12.49%
资产负债率(%)	59.14	8.08%	54.72	7.21%	51.04	5.78%
财务费用	153315.14	35.46%	113184.00	28.95%	87770.79	13.62%
其中：利息支出	0.00	0.00%	0.00	0.00%	0.00	0.00%
利润总额	601931.97	0.56%	598603.66	24.67%	480151.77	5.18%
折旧与摊销	40073.19	74.74%	22933.34	33.95%	17120.76	-12.05%
EBITDA利息保障倍数	5.19	-20.03%	6.49	-2.70%	6.67	-6.84%
刚性负债	3055989.37	17.00%	2611922.81	20.97%	2159167.93	25.75%
净刚性负债	2203228.58	42.21%	1549231.03	0.25%	1545381.42	35.04%
短期刚性负债	909713.64	-7.64%	985008.55	109.13%	471004.13	67.75%
货币资金	852760.80	-19.75%	1062691.78	73.14%	613786.51	7.20%
一、营业收入	1423979.15	29.93%	1095951.27	16.14%	943608.18	2.81%
经营活动产生的现金流量	585793.07	-10.13%	651835.89	63.62%	398392.88	17.58%

图3-5 偿债能力指标分析结果

2. 行业参数应用

案例一：行业规模参数

行业规模参数因行业不同而不同。煤炭开采和洗选业、农业的行业规模差异参数值见图3-6和图3-7。煤炭开采和洗选业的流动资产率高位线值为0.4，农业为0.8；煤炭开采和洗选业的固定资产比例高位线值为0.55，农业为0.6。

行业规模参数

国标行业：煤炭开采和洗选业　　行业差异参数　　查看

行业差异参数	值
流动资产率高位线(1001)	0.4
固定资产比例高位线(1002)	0.55
长期投资比例高位线(1003)	0.15
主营业务成本高线(1010)	0.85
主营业务成本低线(1011)	0.45
存货占收入比率合理线(1012)	0.1
固定资产更新判断线(1013)	0.8
固定资产老化判断线(1014)	0.5
长期性资本革新线(1015)	0.8

图3-6 煤炭开采和洗选业行业规模差异参数

图 3-7　农业行业规模差异化参数

案例二：行业比较分析

以房地产业与零售业行业比较分析评价为例。不同行业对盈利能力的评判标准也不同。选取房地产业万科 A 与零售业大连友谊两家企业，分别对其 2017 年行业比较分析，结果见图 3-8 和图 3-9。

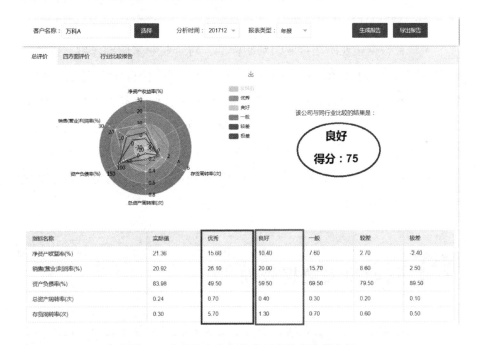

图 3-8　房地产企业与行业标准值的比较分析

图 3-9 零售企业与行业标准值的比较分析

通过对比发现，两个行业的评价指标优秀值差异较大。比如对销售（营业）利润率而言，房地产业为 26.1% 时才能达到优秀标准，而零售业为 7.5% 就可以达到优秀标准。

系统会根据企业所在行业的判断标准，对企业业绩做出评价。例如通过对万科 A 相关指标值与行业值的对比，得出其综合得分为 75 分，处于良好值区间，而大连友谊的实际值得分仅 36 分，处于零售业的较差值区间。行业不同会导致系统调用的行业标准不同，进而影响系统对企业的判断结论。这也使得对多行业企业的分析，在行业属性选择时存在一定的困难。系统中有一个"综合"行业，作为行业属性不清晰、行业特点不明确的企业的行业属性使用。

智能报表数据管理

在进行智能财务分析之前，系统中需要有被分析企业的财务数据。企业财务数据首先是最常见的资产负债表、利润表和现金流量表等主表的数据；其次是企业内部各种明细报表如销售收入明细表、成本明细表、管理费用明细表等的数据；最后是企业生产经营过程中形成的业务数据，包括与生产相关的库存、产成品数据，与供应商相关的采购、欠款数据，与企业的顾客相关的销售、赊账数据等。本书主要分析企业主表数据。

3.2.1 智能报表数据管理内容

智能财务分析报表数据包括年度数据、季度数据、半年数据、月度数据、累计数据、预算数据六大类，可以进行年度分析、季度分析、半年分析、月度分析、月度累计分析和预算执行情况分析。财务报表数据在系统中以"万元"为单位存储，在分析结果输出时可以以"元"或者"亿元"为单位输出，在数据导入时也可以选择以"元""万元""亿元"导入。财务数据在系统中以报表形式保存，在数据导入、查看、输出时也以报表形式体现。报表数据可以在查看时写入、预览和修改。

为了方便企业之间的比较，系统已经保存了上市企业和发债企业数据。这些数据是上市企业公开披露的季度、半年和年度财务数据，可以在分析比较时使用，也可以单独对上市企业、发债企业进行分析。

为了方便系统导入数据和企业原始报表数据之间的比较，系统保存企业报表的原始数据，在分析结果存在问题的情况下可以查看企业原始数据。

系统可以通过重新导入的方式对数据进行覆盖和替换。数据导入错误时可以进行修改和重新导入。为了防止数据误删，系统在用户界面没有提供数据删除功能。

3.2.2 智能报表数据管理应用技巧

报表是数据库储存数据的对象，是整个智能财务分析的基础。这里的企业财务报表是指企业的3张基础财务报表，即资产负债表、利润表和现金流量表。报表数据管理功能可以对已有的企业报表数据进行在线查看、数据录入和下载导出操作。报表数据的导入有数据智能导入、数据智能转换和OCR识别导入3种方式。

（1）在"报表管理"界面，可以对已有企业报表数据进行在线查看和导出。单击"客户名称"后的"选择"按钮,打开对话框,在当前活动窗口按照客户代码和名称检索想要查询的企业。以查看平安银行报表数据为例,在检索框内输入"平安银行",单击"检索"按钮,即可在当前数据库内定位到该企业,见图3-10。

图3-10　企业选择操作界面

(2)在搜索结果中单击"平安银行",返回"报表管理"界面,勾选想要查看的"分析年份""分析时间",确定资产负债表、利润表和现金流量表的时期属性,单击"在线查看",可以在当前页面查看报表数据。以查询2017—2018年平安银行年报数据为例,勾选"2017年""2018年""2019年",分析时间选择"年终",查看资产负债表"期末数",利润表和现金流量表的"本期数",单击"在线查看",结果见图3-11。

图3-11　利润表查看界面

(3)单击"立即导出"可将企业报表下载至本地,以Excel格式保存。

(4)对于没有电子表数据的企业,可以通过报表录入功能输入企业报表。对已导入、录入报表数据的企业，可以通过报表录入功能修改企业报表数据。在"报表录入"界面，按照上述检索的方式选出想要进行数据修改的企业，依次选择要修改的报表"年份""报表类型""时间""表类型"，单击"录入"按钮，进入"报表录入"界面，见图3-12。

图3-12　手工录入企业资产负债表

（5）在图3-12"报表录入"界面相应科目的数据库框内，输入报表数据，单击"保存"按钮，完成报表的录入或修改，见图3-13。已录入或修改的报表数据，可以在"报表查看"界面查阅。

图3-13　保存手工录入数据

3.2.3　智能报表数据管理案例解析

案例一：数据的修改

数据修改通过报表录入功能完成，以修改智泽华2018年利润表年报数据为例进行说明。

(1) 单击进入"报表录入"界面,"客户名称"选择"智泽华","年份"选择"2018年","报表类型"选择"年报","表类型"选择"利润表",其他选项默认即可。单击"录入",在界面可查看已录入的智泽华2018年本期数资产负债表年报数据,见图3-14。

图3-14 查看已录入或导入的数据

(2) 从图3-14看到,2018年智泽华营业收入为1 423 979.25万元,营业成本为481 369.98万元,营业利润为613 079.79万元。下面我们将收入、成本、利润数据进行修改,直接在数据框内删除原数据,输入新数据,单击"保存",弹出"保存成功"提示,完成修改,见图3-15和图3-16。

图3-15 企业报表数据修改

图 3-16　数据修改保存

（3）修改完成的报表数据，可以在"报表管理"进行查看。进入"报表管理"界面，查询"智泽华""2018年""利润表"，见图 3-17。

图 3-17　报表数据查看

数据智能导入

智能导入就是"傻瓜式"地将企业报表数据一键导入系统。实现智能导入需要系统能够实现报表格式解析（自动识别）、报表科目自动匹配、数据提取和单位自动转换、自动存储到系统数据库等操作。当出现未能自动实现报表格式解析、报表科目匹配时，系统会自动提示，并弹出窗体要求用户手工干预导入数据。此时要求用户就系统未自动识别的部分进行手工指定匹配，确定匹配关系之后再行导入。报表格式和科目匹配关系，一旦经过手工干预，就会在系统中记录，在下次导入相同报表格式的时候会自动实现匹配，不需要用户重复进行手工干预。只有当报表格式和报表科目发生变化，系统不能自动识别时，才需要用户手工指定匹配框，重新进行科目匹配，设置新的自动匹配关系。

3.3.1 数据智能导入内容

1. 自动识别分析主体

根据拟导入的报表数据，系统自动识别该数据属于哪个企业的报表。这主要通过对文件名、表名称、表中标题名称、标题下单位名称等信息的解析完成。如果不能自动识别，系统会要求用户创建公司信息，创建该企业名称。如果系统自动识别了财务报表主体，则会自动创建被分析主体的名称。系统根据分析主体名称，自动创建该分析主体的地区属性。一般报表中不提供行业信息，需要用户设置该企业的行业属性。如果用户不设置行业属性，系统默认该企业的行业属性为综合行业。

2. 自动识别报表名称

根据拟导入报表的名称、表中主要科目的名称，系统会自动识别拟导入系统的报表名称，读取与该报表相关的数据。如果不能自动识别报表名称，则需要用户手工选择匹配到已建立的报表或创建新的报表。系统在创建分析主体时，会自动创建一套与分析主体行业属性关联的报表，包括资产负债表、利润表、现金流量表等行业常用或行业默认的报表。系统在创建新的报表时，同时创建报表的行项目和列项目，或者选择系统中已有的报表作为新创建报表的模板，在其基础上通过增删行项目和列项目完成新报表的创建。

3. 自动进行科目匹配

系统根据创建的被分析企业的报表的行项目和列项目信息，读取拟导入报表中对应行和列名称下的数据，并将自动匹配准确的数据导入系统，作为系统中表中的数据。在匹配过程中，系统会自动逐行逐列地将表中数据导入系统。当出现项目名称不一致时，系统会自动提示对名称不一致的行与列项目进行匹配，确认匹配关系之后，系统会继续将数据读取并导入相应报表。如果系统没有拟导入报表中的行项目或列项目，会要求用户为系统中的报表创建新的行项目或列项目，使其与拟导入的报表的行项目与列项目名称一致。如果用户没有创建，该项目数据将默认被放弃导入。

4. 自动导入数据

将拟导入报表的报表主体、报表名称、表中行与列科目一一对应起来之后，系统将自动将报表中的数据导入系统中对应的报表和科目中，使系统中相关企业、相关报表有数据可查。在导入数据的时候，需要对数据的单位进行匹配。如果拟导入报表中有数据单位名称，则系统会按照表中单位导入数据。如果报表中没有数据单位名称，则系统要求用户选择数据的单位。如果不选择或不提示选择，系统默认所导入数据的单位是人民币"元"。如果拟导入报表中没有系统同名报表所需要的行与列项目及数据，则系统默认该行与列科目下的数据为空。在导入数据的时候，系统会自动进行数值型数据和字符型格式的转换，并以文本格式存储报表中的数据。

5. 数据勾稽关系验证

导入数据之后，系统会对已经导入的报表中各个科目的数据进行内部勾稽关系验证，以确定数据是否导入正确。系统在创建报表的时候，已经设置了报表中科目之间的平衡关系验证公式。通过验证的报表数据会成功导入。未通过勾稽关系验证的报表数据，系统会提示勾稽关系存在差异，要求用户确定勾稽关系验证公式、修改系统中报表的数据、重新导入报表或者将未通过勾稽关系验证的数据存入系统。对于存入系统的未通过勾稽关系验证的数据，系统在做智能分析时，会自动进行验证，若勾稽关系不正确，系统会提示勾稽关系验证失败。用户可以设置系统数据检验关系的误差范围，超过该设置范围时提示平衡关系验证失败。

6. 原始数据和导入数据比对

为了方便查看数据导入的正确性，系统自动保存导入的原始数据，包括原始报表数据的行、列和数据的原始状态，方便用户在数据导入或分析生成的报告存在问题时查看是原始数据本身存在问题，还是导入报表之后系统中的数据存在问题，以采取相应的数据处理。如果原始报表本身存在问题，则要求提供新的报表。如果系统导入存在问题，则需要修改报表问题，之后重新导入原始数据。

3.3.2 数据智能导入应用技巧

数据智能导入也称为匹配导入，系统将收集的多种类型报表中的科目集合成一张中间表，导入的企业报表数据会自动匹配中间表已有的科目，以实现对不同企业不同类型的报表一键式导入。同时，系统会根据已内设的 3 张财务报表科目间平衡关系对上传的报表数据进行数据校验，对于不平衡关系给出提示，方便用户进行自查。

数据智能导入的具体步骤如下：

（1）进入"匹配导入"界面，见图 3-18。单击"选择"按钮打开对话框，按照客户代码和名称检索企业，操作步骤同报表数据管理步骤 1。"清空"按钮可以帮助重新选择企业。

图 3-18　智能匹配导入文件上传

（2）单击"选择文件"按钮，在本地选择 Excel 文件，单击"打开"，单击"上传"，在当前窗口可以查看已上传的数据表，见图 3-19 和图 3-20。

无底色框的科目为已匹配科目，黄色框的科目为上传数据表中未匹配或不存在的科目。

图 3-19　拟导入文件选择

图 3-20　上传成功的报表数据

（3）单击"校验并保存"，可对已上传的数据进行报表科目间的关系验证。如果校验通过，可直接保存。

（4）若经系统验证，上传的报表数据间勾稽关系不平衡，系统会给予提示，见图 3-21。

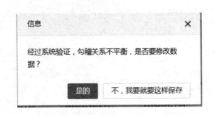

图 3-21　数据勾稽关系验证

（5）单击"是的"按钮，返回匹配界面，系统会在验证不通过的科目数据处标记"⚠"。将光标移至"⚠"处，会提示报错原因，企业可根据提示进行调整修改，见图 3-22。

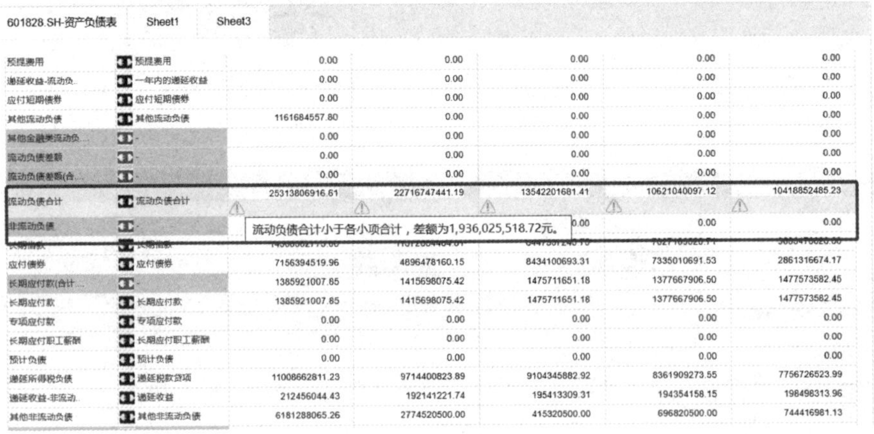

图 3-22　数据勾稽关系验证提示

（6）若校验未通过，但企业客户仍想继续保存已上传的报表，直接单击"不，我就要这样保存"按钮即可。

3.3.3　数据智能导入案例解析

案例一：手工干预匹配

（1）在报表上传后，科目匹配存在错误，可以手工通过"￭"（红色按钮）和"￭"（绿色按钮）进行调整。"￭"（红色按钮）代表已自动匹配，"￭"（绿色按钮）代表未匹配。

（2）如果自动匹配错误，首先单击"￭"（红色按钮）将科目匹配关系解除，使其变为"⬚"（绿色按钮），见图3-23。然后单击"⬚"，在弹出的下拉菜单中单击选择待匹配的科目名称，单击"确定"即可完成科目的重新匹配，见图3-24。

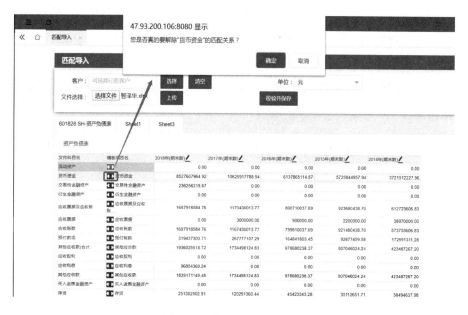

图3-23　科目匹配关系设定

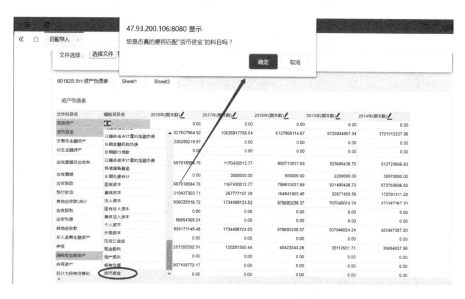

图3-24　科目匹配关系调整

3.4 报表智能转换

为方便导入不同格式的财务报表数据,需要在不同报表格式之间进行转换,使报表数据以统一的格式在系统中存储或者导出。报表智能转换之后,系统中保存一套统一的报表,可以用一致的格式在界面上展现、输出和在系统中调用。

3.4.1 报表智能转换的内容

不同时期、不同企业的报表格式可能存在差异,将存在差异的报表自动转换为统一格式的过程就是报表的智能转换。报表智能转换存在以下3种情况:一是将系统之外的不同报表格式的数据转换为系统中统一格式的数据;二是将一种报表格式的数据转换为另外一种报表格式的数据;三是将统一格式的报表数据转换为不同格式的报表数据。

将不同格式的数据转换为统一格式的数据,需要使用智能报表导入功能进行报表格式的智能匹配。对于不能智能匹配的报表需要手工干预,系统记录不同格式的报表并在今后报表导入时使用。在这一过程中,系统会自动识别企业,建立企业信息;自动识别报表时期,免去创建报表时的时间选择;自动识别数据单位,自动进行报表数据单位的转换;自动进行科目匹配,进行报表关系验证,最终使不同格式、不同来源的报表统一归集进而进入系统。

将一种格式的报表转换成为另外一种格式的报表,需要系统建立报表输入模板和报表输出模板。在这一过程中,需要用户选择某一固定格式作为数据导入的基本格式,同时定义一种报表输出格式作为转换输出的基本格式,使本系统成为不同报表数据之间转换的工具。如果系统中没有事先设定的报表模板可以选择,则需要用户建立输入报表和输出报表的模板,使不同报表格式的科目关系能够有效匹配,实现自动转换。

为了向不同格式的系统提供本系统中报表数据,还需要一个将系统中统一格式的数据，转化输出到不同格式报表的功能，使不同格式的用户都能够得到自己需要的报表格式的数据。在这一过程中，需要用户建立报表输出模板，进行系统中数据的导出。建立导出报表数据模板之后，需要对报表内部的勾稽关系进行验证，验证不通过时需要对勾稽关系进行调整，并进行必要的数据运算，使输出的报表也能够通过勾稽关系验证。

3.4.2 报表智能转换应用技巧

报表数据智能转换导入方式具体操作如下：

（1）已建立企业的数据导入，客户与文件选择操作参照数据智能导入操作的第（1）、（2）步骤。

（2）未建立企业的报表数导入，可实现一键式操作。略过"客户"选项，按照数据智能导入操作的第（2）步骤上传文件，单击"上传"按钮，完成建立公司、上传数据。导入成功的数据会显示在界面下方，见图3-25。系统会自动读取数据表中的名称，作为企业名称存入。已上传企业数据可以通过报表数据查看功能查看。

图3-25 智能导入

（3）在报表数据上传的过程中，系统会自动解析报表内标记的数据单位和所属时期，无须手工匹配时间属性。时间属性包括年报、半年报、季报、月报4种类型。若需要修改，单击"修改时间期"，在弹出的对话框内进行修改后，单击"确认修改"，保存完成，见图3-26。

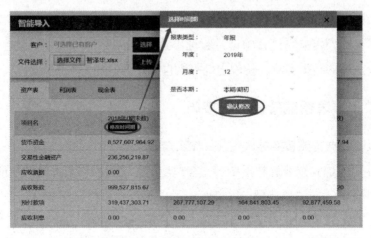

图3-26 智能导入期间匹配修改

（4）单击"查看具体匹配情况"可对智能匹配结果进行查询，项目的重新匹配，具体操作参考数据智能导入第（3）、（4）步骤。单击"解除"按钮解除错误匹配项目，见图3-27。

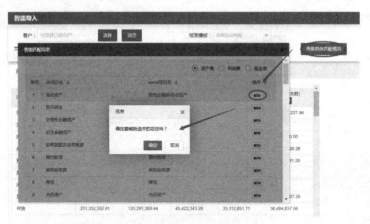

图3-27 科目匹配关系解除

3.4.3 报表智能转换案例解读

案例一：报表格式智能转换及报表科目匹配结果

报表格式智能转换功能，可以将不同格式的数据转换为统一格式的数据。下面以导入利润表为例说明。

（1）使用前面应用技能介绍的操作流程，将报表上传至报表智能转换界面，操作过程见图3-25。

（2）查看系统最终统一的报表格式与要上传的原始报表见图3-28、图3-29。

项目	本期数	上期数
一、营业收入		
减：营业成本		
营业税金及附加		
销售费用		
管理费用		
财务费用		
资产减值损失		
加：公允价值变动收益（损失以"-"号填列）		
投资收益（损失以"-"号填列）		
其中：对联营企业和合营企业的投资收益		
二、营业利润（亏损以"-"号填列）		
加：营业外收入		
减：营业外支出		
其中：非流动资产处置损失		
三、利润总额（亏损总额以"-"号填列）		
减：所得税费用		
四、净利润（净亏损以"-"号填列）		

图 3-28　统一报表格式

	2018-12-31	2017-12-31	2016-12-31
报告期	年报	年报	年报
报表类型	合并报表	合并报表	合并报表
营业总收入	29,767,933.11	24,289,711.03	24,047,723.69
营业收入	29,767,933.11	24,289,711.03	24,047,723.69
其他类金融业务收入			
营业总成本	23,705,187.85	19,832,384.00	20,646,729.40
营业成本	18,610,422.42	16,007,991.59	16,974,240.34
税金及附加	2,317,606.22	1,972,223.07	2,197,875.46
销售费用	786,807.56	626,198.13	516,071.59
管理费用	1,034,080.52	886,571.41	680,056.19
研发费用	94,606.44		
财务费用	599,857.47	207,525.68	159,206.80
其中：利息费用	818,133.56		
减：利息收入	383,992.33		
资产减值损失	235,425.48	131,874.12	119,279.02
信用减值损失	26,381.75		
其他业务成本(金融类)			
加：其他收益			
投资净收益	678,793.45	624,456.17	501,383.59
其中：对联营企业和合营企业的投资收益	627,991.04	456,916.00	493,071.60
净敞口套期收益			
公允价值变动净收益	8,663.46		
资产处置收益	-340.92	-491.55	
汇兑净收益			
加：营业利润差额(特殊报表科目)			
营业利润差额(合计平衡项目)			
营业利润	6,749,861.25	5,081,291.64	3,902,377.88
加：营业外收入	47,449.72	72,328.80	39,831.17
减：营业外支出	51,290.83	39,425.17	16,847.87
其中：非流动资产处置净损失			354.47
加：利润总额差额(特殊报表科目)			
利润总额差额(合计平衡项目)			

图 3-29　原始报表格式

(3) 对比图 3-28 和图 3-29 我们发现，原始报表与统一格式的报表至少存在"研发费用""信用减值损失""资产处置收益"3 处差异。智能转换的作用就是将科目的差异化，自动调整为统一格式，导入后的企业数据见图 3-30。

项目名	2018年(本期数)	2017年(本期数)	2016年(本期数)
一、营业收入	29,767,933.11	24,289,711.03	24,047,723.69
减：营业成本	18,610,422.42	16,007,991.59	16,974,240.34
营业税金及附加	2,317,606.22	1,972,223.07	2,197,875.46
销售费用	786,807.56	626,198.13	516,071.59
管理费用	1,128,686.96	886,571.41	680,056.19
财务费用	599,857.47	207,525.68	159,206.80
资产减值损失	261,807.23	131,874.12	119,279.02
加：公允价值变动收益	8,663.46	0.00	0.00
投资收益	678,452.53	623,964.62	501,383.59
其中：对联营企业和合营企业的投资收益	627,991.04	456,916.00	493,071.60
二、营业利润	6,749,861.25	5,081,291.64	3,902,377.88

图 3-30 智能转换后的报表

(4) 通过对比图 3-28 和图 3-29 我们发现，上步操作中的"研发费用""信用减值损失""资产处置收益"3 个科目并未出现在系统统一模板中，那导入的报表是否会与原报表数据存在差异而导致报表数据不平衡呢？答案是不会。

通过图 3-30 可以看到，"管理费用""资产减值损失""投资收益"3 个科目值与原始报表的值存在差异。而通过计算我们知道，两者差异的值恰恰是消失的"研发费用""信用减值损失""资产处置收益"3 个科目值。这是因为通过系统内置的转换关系，已经将"研发费用"并入"管理费用"科目，将"信用减值损失"并入"资产减值损失"，将"资产处置收益"并入"投资收益"项目。这种转换规则符合报表科目的分类规则，既保证了报表科目的验证平衡，也便于系统按照设置好的模型、模板对企业进行智能分析。当然，这种转换关系是可以事先设置、随时根据客观情况进行调整的。

3.5 OCR 识别导入

对于以图片、PDF 格式存储的数据，在导入报表数据之前，可以通过光学字符识别（Optical Character Recognition，OCR）识别数据，将纸质财务报表转换为 Excel 格式，再导入系统。OCR 识别是指利用 OCR 技术，将图片、照片上的文字内容，直接转换为可编辑文本。使用该技术既节省了录入数据的时间，也避免了手工录入可能出现的错误。对于那些没有电子表格数据、图片格式存储数据不清晰、纸质打印或者复印的报表数据机器仍然无法识别，需要肉眼才能看清或者需要个人估计的报表数据，通过手工将数据录入系统。

3.5.1 OCR 识别导入内容

（1）初次识别。对于图片格式（JPG/JPEG、PNG、BMP 等）存储的报表数据文件，通过 OCR 识别技术自动进行识别，生成原始识别结果报表。

（2）识别结果比对。将识别结果报表和原始图片格式报表进行比对，分完全正确、完全不能识别和可识别但有问题 3 种情况，用 3 种不同的颜色展示，以方便用户进行处理。

（3）手工修改数据。对于可识别但有问题的数据，允许用户手工修改识别结果之后保存。

（4）数据平衡关系验证。对于修改完成的报表数据，保存并进行数据平衡关系验证。通过验证，完成 OCR 识别导入工作；未通过验证，提示并返回进行数据修改。

（5）报表模板识别。系统自动根据识别结果匹配不同的报表模板保存数据，并根据报表模型中的数据勾稽关系，进行报表科目数据平衡关系验证。通过验证则存储报表模板并导入数据；未通过验证，需要重新进行报表模板的匹配调整，直到报表平衡关系完全正确、通过验证。

（6）报表模板匹配。如果没有合适的报表模板，未通过报表关系验证，则要求用户匹配报表科目，建立新的报表模型，重新进行关系验证；如果通过验证，说明导入成功。如果未通过验证，查看是由于原始表数据存在问题，还是OCR识别结果与原始表数据不一致，或者识别之后的报表模板中科目之间的关系与原始表科目之间的关系不一致，可根据不同情况进行不同的操作完成导入。

（7）OCR识别经验积累。对于部分识别但存在差异，通过人工修改完成正确识别导入的数据，记录识别值和手工修改值，不断积累识别经验，形成自动修改规则，优化自动识别能力。

（8）提示重新拍照。对于拍照效果不清晰的、识别率较低的数据，系统自动提示重新拍照或者进行手工写入。用户选择重新拍照，系统自动启动拍照、扫描功能，完成图片采集之后自动上传图片到系统进行OCR识别。

（9）手工录入数据。对于完全不能识别的报表数据，用户可通过手工写入和录入数据的方式存储。数据写入和录入，需要用户打开要分析的报表，手工输入每张报表中的科目数据，并通过勾稽关系验证之后保存。

3.5.2　OCR识别导入应用技巧

OCR识别导入具体操作如下。

单击进入"OCR识别"界面，在图片识别处单击"选择文件"，选择要识别的图片后，单击"打开"，然后单击"识别"按钮，已转换的Excel文件即保存在本地，见图3-31和图3-32，然后可通过数据智能导入或者数据智能转换功能将数据表导入系统。

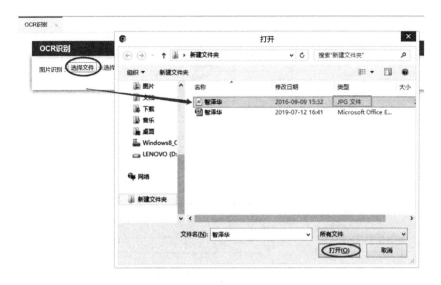

图 3-31　OCR 识别报表文件识别

图 3-32　OCR 识别文件格式说明

3.5.3　OCR 识别导入案例解读

案例一：OCR 识别导入

（1）以导入智泽华利润表数据为例，将图片格式的报表通过 OCR 识别功能转换为 Excel 文件。转换后的报表以 Excel 格式保存至本地，见图 3-33。

图 3-33　OCR 识别后的文件格式

（2）OCR 识别功能可同时对图片中的文字和数字进行识别，同时还能准确识别报表时期，转换前后企业报表对比见图 3-34 与图 3-35。

损益表

2013年12月31日

编制单位： 单位：元（至角分）

项目	行次	本月数	本年累计数
一、主营业务收入	1	17698947.74	200219363
减：主营业务成本	2	16073991.78	185144058.49
营业费用	3		
主营业务税金及附加	4	18850.86	295277.33
二、主营业务利润	5	1606105.10	14780027.18
加：其他业务利润	6		
减：管理费用	7	99783.70	1727726.46
财务费用	8	267395.06	1802233.59
三、营业利润	9	1238926.34	11250067.13
加：投资收益	10		
补贴收入	11		
营业外收入	12		
减：营业外支出	13		
加：以前年度损益调整	14		
四、利润总额	15	1238926.34	11250067.13
减：所得税	16		349786.57
五、净利润	17	1238926.34	10900280.56

单位负责人： 财会负责人： 复核： 制表：

图3-34 OCR识别报表

项目	行次	本月数	本年累计数
一、主营业务收入	1	17698947.74	200219363
减：主营业务成本	2	16073991.78	185144058.49
营业费用	3		
主营业务税金及附加	4	18850.86	295277.33
二、主营业务利润	5	1606105.10	14780027.18
加：其他业务利润	6		
减：管理费用	7	99783.70	1727726.46
财务费用	8	267395.06	1802233.59
三、营业利润	9	1238926.34	11250067.13
加：投资收益	10		
补贴收入	11		
营业外收入	12		
减：营业外支出	13		
加：以前年度损益调整	14		
四、利润总额	15	1238926.34	11250067.13
减：所得税	16		349786.57
五、净利润	17	1238926.34	10900280.56

图3-35 OCR识别后报表

（3）转换后的报表可通过数据智能转换和数据智能导入方式导入系统，之后可进行智能分析。

本章小结

智能财务分析系统的数据管理功能主要实现对企业报表数据的导入、

查看、修改、导出等功能,具体包括企业信息管理、报表数据管理、数据智能导入、数据智能转换和OCR识别导入等。企业信息管理主要是创建和修改与企业相关的名称、行业、地区、规模等基本信息,并可以实现分析差异化处理。报表数据管理主要实现不同时期企业月度、季度、半年、年度数据的存储、查看、单位转换和输出。数据智能导入可实现将不同报表格式存储的数据一次性导入系统。报表智能转换可实现不同格式的报表之间的转换,方便统一分析处理。OCR识别导入是将纸质报表扫描拍照导入系统。

本章习题

名词解释

所有者属性	行业属性	国资委行业	国标行业
行业参数	财务报表	财务分析报告	行业比较分析
数据录入	数据智能导入	数据勾稽关系验证	
报表智能转换	智能匹配	解除匹配	OCR识别

简答题

1. 行业划分有哪几种标准?
2. 企业差异化属性主要有哪些?
3. 行业参数值的作用是什么?
4. 举例说明行业之间其标准值存在的差异。
5. 简述数据智能导入的内在逻辑。
6. 数据智能导入主要经过哪几步?容易出现哪些误操作?
7. 报表勾稽关系的目的和内容是什么?
8. 报表智能转换的目的和内容是什么?
9. 为什么要使用OCR识别导入?
10. OCR识别不准确的常见原因是什么?

第 4 章 资产负债智能分析

学习目的

1. 掌握资产负债分析指标的自定义方法。
2. 掌握资产构成和结构智能分析的主要内容。
3. 理解流动资产特点智能分析的原理。
4. 了解负债和权益构成智能分析的内容。

资产负债智能分析是基于企业财务报表数据，应用智能财务分析系统，对企业资产、负债、权益等的结构及其特点进行分析。通过这种智能分析，自动生成分析报告，得出分析结论。资产负债智能分析内容包括资产构成及其特点分析、资产结构合理性评价、负债构成分析、权益构成分析等内容。用户可以通过定义分析指标、自定义分析图、自定义分析表和自定义分析报告等功能，实现个性化的分析。

4.1 资产智能分析

资产智能分析主要是对构成企业资产的各个科目的占比及其变化情况进行分析。通过分析，了解企业资产构成基本情况、流动资产构成特点、资产变化及其原因，并完成资产结构的合理性评价、资产结构变动的合理性评价等。智能财务分析系统已经定义了大量分析资产和负债的指标和模型，可以直接用来生成相关分析报告。用户还可以自定义资产分析的图表、模型和报告，实现个性化、差异化分析。

4.1.1 资产分析的主要内容

1. 资产构成基本情况分析

资产构成基本情况分析包括资产整体构成、流动资产构成和非流动资产构成3部分内容。用户还可以定义资产构成主要科目表和资产构成占比关系图，定义资产主要科目占比变化趋势表和变化趋势图，通过资产主要科目占比及其变化趋势，判断企业流动资产和非流动资产的分布和变化情况。

2. 流动资产构成特点

智能财务分析系统根据资产构成主要科目的占比关系，对流动资产的构成特点、对经营管理的影响及对策建议进行自动分析进而得出结论。主要科目包括存货、应收账款、其他应收账款及货币资金等。主要分析结论将根据占比最大的科目的特点和占比处于第二位的科目的特点做出。

3. 资产总额变化

智能财务分析系统可以对企业资产总额变化情况、资产总额增减变化的原因进行自动分析，并从资产构成科目及其变化的角度对资产总额变化的原因自动做出解释。

4. 资产结构的合理性评价

智能财务分析系统可自动进行资产结构的合理性评价。系统判定的主要科目有存货、应收账款、其他应收账款、货币资金及流动资产合计，系统根据这些科目的占比情况、带来的盈利水平及周转速度，得出企业资产结构是否合理的结论。

5. 资产结构的变动情况

资产构成变动情况的合理性评价主要说明资产主要科目占比变化的合理性，判断资产变化是否改善了企业的资产结构。判断方法是看资产是否达到增产增收、增收增利、增利增效及增效减债的效果。通过这种层层递进、环环相扣的判断，揭示资产主要科目变化对企业营业收入、利润、负债带来的影响。

6. 资产结构分析指标

企业资产结构一方面反映了企业自身的投资决策结果和经营规模，另一方面体现了企业的行业特点和经营规律。这些特点主要用货币资金占比、应收账款占比、存货占比、流动资产占比、固定资产占比、内部经营资产占比、对外投资占比等指标来揭示，见表4-1。

表 4-1 不同行业资产结构的基本情况判断

序号	指标名称	行业特点	注意问题
1	货币资金占资产合计的比例	酒店、商场一般在10%以下；银行业在2%以下；制造业企业一般为10%～30%；技术服务企业为40%左右	非金融企业占比在0.5%以下一般亏损严重；有短期资金拆借权利的机构比例应适当降低
2	应收账款占资产合计的比例	设备制造企业一般为10%～15%；制造业企业一般为8%～10%；与经济周期相关的钢铁、建材等基础产业，景气时低于5%，不景气时会上升到10%～20%；现金交易的服务行业如高速公路、商场、公共交通等，应收账款占比非常低	配套企业应收账款占比高于龙头企业；竞争型企业高于垄断型企业；处于市场不景气时期的企业高于景气时期的企业
3	存货占比	房地产、电子器件企业在30%以上；机场、高速公路等运输服务企业一般在0.2%以下；饮料、日用品等销售环节需要存货的企业一般为5%～10%；建筑材料、生产设备提供企业一般为16%～20%	同一行业企业之间因生产技术水平和经营模式的不同差异较大；高档服装、烟酒等厚利企业的存货占比高于薄利企业
4	流动资产占资产合计的比例	运输业最低，一般为10%～15%；建材、原材料行业一般为25%～40%；日用品制造业一般为40%～60%；设备制造业一般为40%～80%；服务业、劳动密集行业和房地产业等一般为70%～90%	同一行业资本密集、技术水平高的企业占比低于劳动密集型企业；单件产品价值高的企业高于单件产品价值低的企业
5	固定资产占资产合计的比例	酒店、港口等依托固定资产经营，一般高于80%；信息技术、软件、房地产经营不需要太多固定资产，一般在10%以下；重工业在40%以上；轻工业一般在30%以下	同一行业企业因投产时间、已折旧年限所形成的差异较大；同一时期不同生产工艺企业的差异也较大；经营模式差异也会导致差异

(续)

序号	指标名称	行业特点	注意问题
6	内部经营资产占比	内部经营资产占比 =（流动资产－交易性经营资产－其他应收账款－其他流动资产－可供出售金融资产－持有至到期投资－长期应收账款－长期股权投资－投资性房地产）/资产总额	内部经营资产的收益率应当大于企业负债的实际利率水平，这样企业才能盈利
7	对外投资占比	对外投资占比 =（交易性经营资产＋可供出售金融资产＋持有至到期投资＋长期股权投资＋投资性房地产）/资产总额	揭示企业投入到外部经济主体的资产的比例。对外投资的收益率应当大于内部资产收益率，这样企业的对外投资的风险才能得以弥补

4.1.2 资产智能分析应用技巧

1. 资产整体构成表和构成图定义

资产整体构成表和图的定义，主要使用总资产、流动资产和非流动资产3个指标。

案例一：资产构成表的定义

（1）单击"表定义"按钮进入"表定义"界面，见图4-1。

图4-1 表定义界面

(2) 在"表类型"下拉菜单中选取"资产负债表",资产负债表内含科目就会显示在"指标名称"框内,见图4-2。

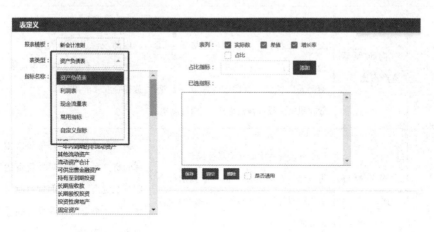

图4-2 表类型选择

(3) 在"指标名称"框内找到"流动资产合计",双击该科目,"流动资产合计"即显示在右侧"已选指标"框内,同理选择"非流动资产合计"和"资产合计",见图4-3。

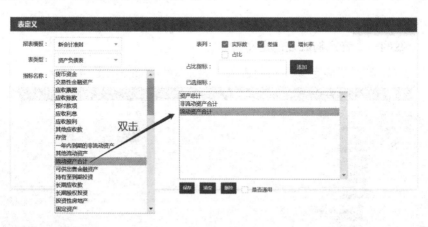

图4-3 指标名称选择

(4) 单击"保存"按钮,在弹出的对话框内输入定义表名称。我们将该表定义为"资产构成表",见图4-4。

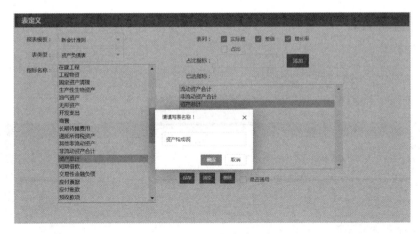

图 4-4 表名称填写

（5）单击确定，定义的资产构成表保存成功。

（6）已定义的表可以在"图表展现"中查看，查看到的资产构成表见图 4-5。

	201812		201712		201612	
	实际数(万元)	占比(%)	实际数(万元)	占比(%)	实际数(万元)	占比(%)
资产总额	152857935.65	100	116534691.78	100	83067421.40	100
流动资产合计	129507185.63	84.72	101755283.21	87.32	72129542.79	86.83
非流动资产合计	23350750.02	15.28	14779408.57	12.68	10937878.61	13.17

图 4-5 资产构成表展示

案例二：资产构成图的定义

（1）单击"图定义"进入"图定义"界面，见图 4-6。

图 4-6 图定义界面

（2）与表定义的操作相同，选取总资产、流动资产、非流动资产 3 个科目。

（3）在界面右侧"图类型"处选择想要展示的图类型，比如我们选取构成图，单击保存，完成定义图操作，见图 4-7。

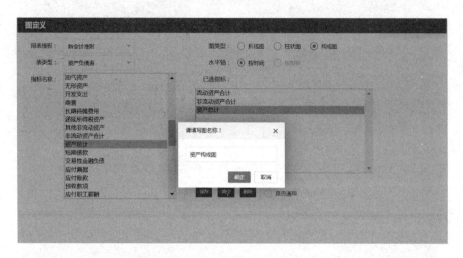

图 4-7　图名称填写

（6）已定义的表可以在"图表展现"中查看，资产构成图展示见图 4-8。

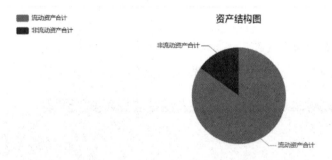

图 4-8　资产构成图结果展示图

2. 资产科目占比变化表与变化图

案例一：自定义指标

资产科目占比变化表的定义的基本操作与资产构成表的定义相同，差异在于资产构成表的 3 个指标（流动资产、非流动资产和总资产）原本就是企业资产负债表的科目，因此可以在"表类型"中直接进行选择。而资产占比科目并非基本报表中已存在的科目,因此需要在定义表之前对资产科目占比指标进行指标定义。这里就用到了自定义指标功能。

(1) 自定义指标。以"货币资金占流动资产比"为例。单击"自定义指标"进入"定义指标"界面,见图4-9。

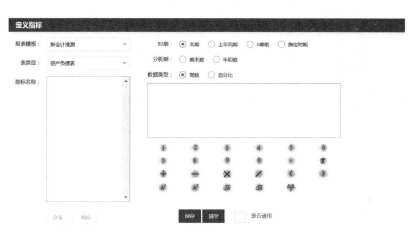

图4-9 自定义指标界面

(2) 定义货币资金占流动资产比公式。我们需要用到货币资金和流动资产两个科目。在"资产负债表"下拉菜单中双击"货币资金"科目,将其选取至右侧空白框内,见图4-10。

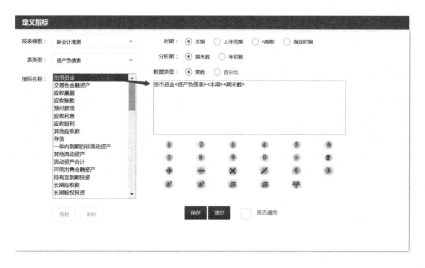

图4-10 指标构成科目的选取

（3）在符号选择区域内，选择"/"，按照公式顺序双击选取"流动资产合计"，至此计算公式完成，见图4-11。

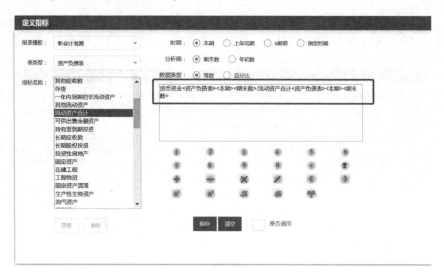

图4-11 指标公式定义

（4）单击"保存"，在弹出的对话框内输入指标名称，单击"确定"进行保存，见图4-12。

图4-12 指标名称保存对话框

（5）公式内科目后跟随的时期与分析期，可以通过勾选"时期"和

"分析期"的选项进行修改。如果是计算货币资金占流动资产比,都是使用当期值;如果是计算货币资金增加额,那么在时期的选择上会有所变化,见图4-13。

图4-13 指标公式时期属性的选择

(6)数据类型的选择。如果是数值型的指标,如增加额、减少额、差值、流动比率等类型的指标,则选择"常数";如果是资产负债率、净资产收益率、货币资金占流动资产比率等,则勾选"百分比"。

(7)指标类型的选择。指标类型分为"正指标"和"反指标"两类。正指标是指数值越大趋势越好的指标,如货币资金的增加额、净资产收益率等;反指标是指数值越大趋势越差的指标,比如资产负债率等。

案例二:资产科目占比变化表的定义

资产科目占比变化表的定义与资产构成表的定义基本相同,差异在于指标的选择。资产构成指标可以直接取自资产负债表。3张基础报表中不存在的指标需要通过自定义来实现,而自定义的指标就保存在"自定义指标"内。

方法一:

(1)进入"表定义"界面后,在"表类型"下拉菜单中选中"自定义指标",见图4-14。

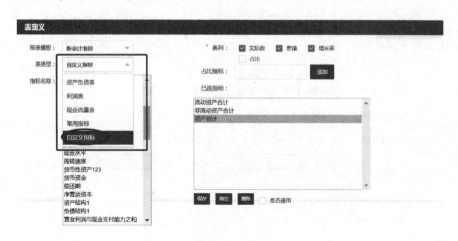

图4-14 表类型选择"自定义指标"

(2)在"自定义指标"下拉菜单中,查找自定义的"货币资金占流动资产比"指标,通过双击的方式将其选择至已选指标框内,见图4-15。单击"保存"按钮进行保存。

图4-15 自定义指标选取"货币资金占流动资产比"

方法二:

(1)科目占比表的定义。进入"表定义"界面,在"指标名称"处选择需要的指标。例如,定义货币资金、应收账款、其他应收账款等科目占流动资产比例的流动资产科目占比表,见图4-16。

图 4-16　流动资产科目占比表定义

（2）如图 4-16 所示，在"表列"处选择要展示的属性；"占比指标"处添加占比的分母指标，单击"保存"即可，见图 4-17。

	流动资产构成表					
	2018年		2017年		2016年	
项目名称	数值	百分比(%)	数值	百分比(%)	数值	百分比(%)
流动资产	129,507,185.63	100.00	101,755,283.21	100.00	72,129,542.79	100.00
存货	75,030,262.74	57.94	59,808,765.76	58.78	46,736,133.61	64.79
应收账款	158,618.06	0.12	143,273.4	0.14	207,525.68	0.29
其他应收款	0	0.00	16,324,976.59	16.04	10,543,500.49	14.62
交易性金融资产	1,190,080.63	0.92	0	0.00	0	0.00
应收票据	255.84	0.00	0	0.00	0	0.00
货币资金	18,841,744.68	14.55	17,412,100.92	17.11	8,703,211.82	12.07
其他	34,286,223.65	26.47	8,066,166.54	7.93	5,939,171.78	8.23

图 4-17　流动资产构成表结果

案例三：资产科目占比的定义

基本操作与定义资产构成图的操作相同，结果展示见图 4-18。

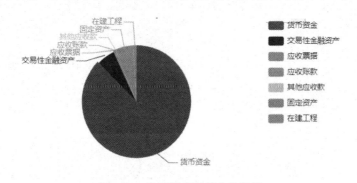

图 4-18　主要资产科目占比结果

3. 流动资产构成特点

定义流动资产构成图与表，与定义资产构成图与表的操作相同。流动资产构成图与表的结果展示见图4-19。

图4-19　流动资产构成图与表结果

4. 资产变化趋势图

（1）资产变化趋势图的定义方式与上面讲到的基本相同。在指标名称选项框内，双击"资产总计"将其选至右侧"已选指标"框内，"图类型"勾选"折线图"，单击"保存"，在弹出对话框内输入"资产变化趋势图"，完成保存，见图4-20。

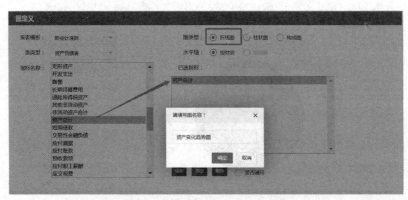

图4-20　资产变化趋势图的定义

（2）在"图表展现"界面，选择要分析的企业名称、报表类型。与上面讲到的构成图不同的是，趋势变化图需要连续多个分析期才能形成。因此在分析时间的选择上，我们进行多选，通过" >> "和" << "完成日期的选择和取消。

（3）在"时间选择"内勾选 2016 年、2017 年、2018 年 3 个年份，单击" >> "将分析期移至"分析时间"框内，单击查看，可得到连续 3 期资产总计的变化趋势图，见图 4-21。

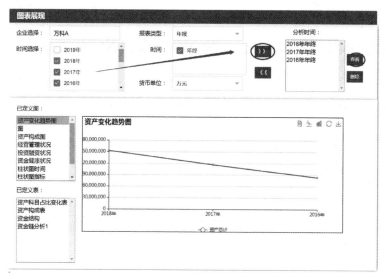

图 4-21　选择分析期查看资产变化趋势

（4）图表展现形式的转换。如将上述资产变化趋势图从折线型改为柱状图，可以通过" "按钮来转换，见图 4-22。

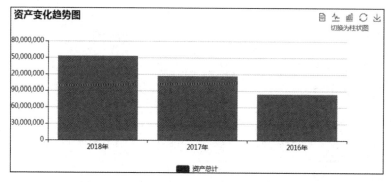

图 4-22　图形式转换

5. 资产构成主要科目占比变化趋势图

将货币资金、应收账款、存货、流动资产、固定资产、在建工程、长期投资是构成资产的主要科目，下面定义主要科目占比图。

（1）通过"自定义指标"功能，将主要科目占总资产比的指标分别定义出来，操作步骤见"自定义指标"部分。

（2）资产主要科目占比图的定义方式与上述操作基本相同。在"表类型"处的"自定义指标"下拉菜单中，双击科目占比指标，将其移至"已选指标"，见图4-23。

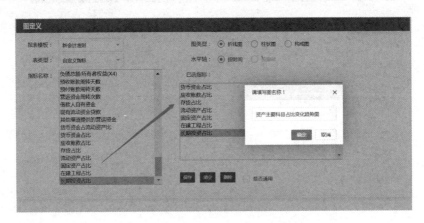

图4-23　资产主要科目占比指标的选择

（3）按照"资产变化趋势图"的展示方式，选择分析期，单击"查看"，见图4-24。

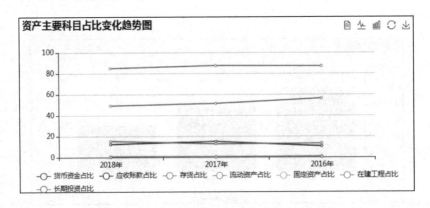

图4-24　资产主要科目占比变化趋势图结果展示

6. 资产结构钻取分析的方法

（1）单击进入"深度指标分析"界面。以查看智泽华 2018 年资产情况为例说明，见图 4-25。

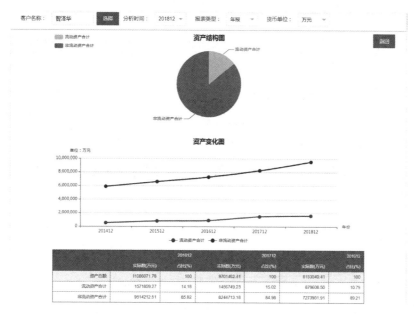

图 4-25　资产结构深度钻取界面

（2）将光标移至资产构成图的各组成部分或资产变化图的数据点位置，在弹出的提示框内，可以查看到指标或科目的数值或占比情况，见图 4-26。

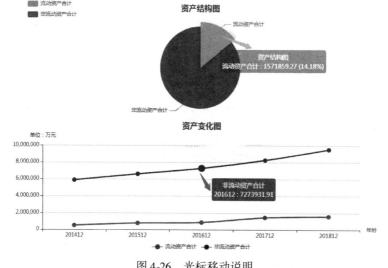

图 4-26　光标移动说明

7. 资产构成分析报告的定义和生成

系统内置的标准报告分为财务详细分析报告、综合分析报告等，篇幅从几页到几十页不等。分析内容涵盖资产结构、实现利润、现金流量、偿债能力、发展能力等指标的文字、图及表描述。由于关注点不同，详细的财务报告并不适用于所有财务人员或决策人。针对这种情况，我们可以通过自定义报告来满足不同需求。

案例一：资产构成分析报告的定义

（1）单击进入"建立报告模板"界面，见图4-27。左侧"标准模板"区域为报告内容的选择区，右侧"新建模板"区域为自定义报告的搭建区。

图4-27　建立报告模板界面

（2）在"模型名称"的下拉菜单中，我们可以看到系统内置的分析报告和自定义图、自定义表选项，见图4-28。

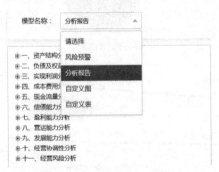

图4-28　建立报告前期基础模型的选择

(3)下面我们定义"资产构成分析报告"。在"模型名称"的"分析报告"内,选择"一、资产构成分析"整体内容,单击"右移"将其移至"新建模型",见图4-29。

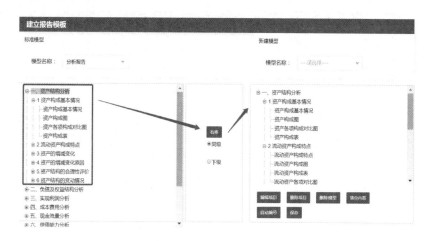

图4-29　右移方式选取基础模板

(4)单击"保存"按钮,在弹出对话框内输入"资产构成分析报告",单击"保存",见图4-30。

图4-30　资产构成分析报告定义保存

案例二:资产构成分析报告的生成

已定义的报告可以通过"自定义分析报告"生成。

（1）单击进入"自定义模型分析"界面。依次选择"客户名称""分析时间""报表类型""货币单位"选项，在"模型名称"下拉菜单中选择"资产构成分析报告"，见图4-31。

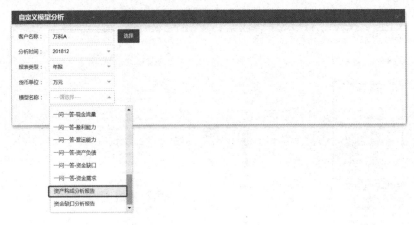

图4-31　自定义分析报告的选择

（2）单击"生成报告"按钮可在线预览，见图4-32。单击"下载报告"按钮可将报告下载至本地，以Word格式保存。

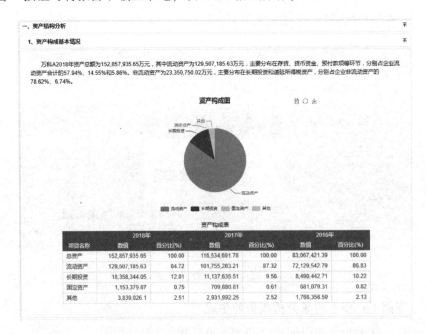

图4-32　资产构成分析报告部分内容展示

4.1.3 资产智能分析案例解读

所谓合理的资产结构,就是变现能力强、周转速度快、盈利水平高并能够确保资产保值增值的资产结构。例如,企业增产又增收,就是资产变现能力有所提高;增收速度快于增产速度,就是资产的周转速度加快;增收又增利,就是企业盈利能力有所提高;增利又增效,比如利润率或报酬率提高,就是资产的保值增值能力提高。资产结构呈现这种变化,表明资产结构趋于改善。因此,评价企业资产结构的合理性,应主要从以下 4 个方面入手:是否增产增收,是否增收增利,是否增利增效,是否增效减债。根据不同的情况可得出不同的结论。

我们选取深康佳 A 和智泽华两家企业进行比较,查看不同企业之间的差异。

案例一:资产结构合理性评价

(1)资产结构评价是根据分析期当期资产数据,对资产结构合理性进行评价。深康佳 A 和智泽华 2016 年资产结构合理性评价见图 4-33 和图 4-34。结果表明,深康佳 A 的资产结构不合理,而智泽华的资产结构合理。

5.资产结构的合理性评价

从资产各项目与营业收入的比例关系来看,2018年应收账款所占比例基本合理。其他应收款所占比例基本合理。存货所占比例基本合理。2018年企业存货所占比例较大,经营活动资金缺乏,资产结构并不合理。

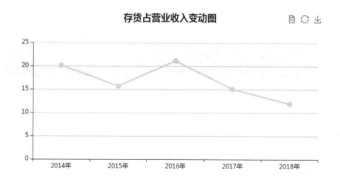

图 4-33 深康佳 A 资产结构合理性评价

5.资产结构的合理性评价

从资产各项目与营业收入的比例关系来看,2018年应收账款所占比例基本合理。其他应收款所占比例过高。存货所占比例基本合理。2018年企业不合理资金占用项目较少,资产的盈利能力较强,资产结构合理。

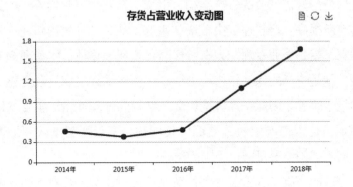

图 4-34 智泽华资产结构合理性评价

(2) 资产结构的变动情况,是历史变化的比较分析。根据 2015 年和 2016 年两年的资产数据对资产结构的变动情况进行评价。从结果可以看出,深康佳 A 的资产结构相对于 2015 年趋于恶化,而智泽华的资产结构相对于 2015 年趋于改善,见图 4-35 和图 4-36。

6.资产结构的变动情况

从流动资产与收入变化情况来看,流动资产增长慢于营业收入增长,资产的盈利能力没有提高。因此与2017年相比,资产结构趋于恶化。

主要资产项目变动情况表

项目名称	2018年		2017年		2016年	
	数值	增长率(%)	数值	增长率(%)	数值	增长率(%)
流动资产	2,184,329.76	15.63	1,889,113.85	40.9	1,340,762.26	26.96
长期投资	387,306.31	72.24	224,861.34	165.57	84,670.27	15.94
固定资产	241,022.65	51.86	158,717.03	0.84	157,397.89	-10.75
存货	548,760.52	17	469,036.36	9.4	428,741.39	48.74
应收账款	445,805.26	29.48	344,309.59	49.18	230,796.55	12.65
货币性资产	768,332.21	-8.43	839,071.38	46.15	574,132.47	24.26

图 4-35 深康佳 A 资产结构的变动情况

6.资产结构的变动情况

与2017年相比，2018年应收账款出现过快增长。从流动资产与收入变化情况来看，流动资产增长慢于营业收入增长，并且资产的盈利能力有所提高。因此与2017年相比，资产结构趋于改善。

主要资产项目变动情况表

项目名称	2018年 数值	增长率(%)	2017年 数值	增长率(%)	2016年 数值	增长率(%)
流动资产	1,571,859.27	7.9	1,456,749.23	65.61	879,608.5	11.66
长期投资	8,698,185.95	17.95	7,374,660.36	7.21	6,878,830.76	9.96
固定资产	19,241.8	21.12	15,886.27	12.14	14,166.28	2.83
存货	25,135.25	108.95	12,029.14	164.82	4,542.33	29.36
应收账款	99,952.78	529.18	15,886.27	12.14	14,166.28	2.83
货币性资产	876,386.42	-17.55	1,062,991.78	73.16	613,876.51	7.17

图 4-36　智泽华资产结构的变动情况

对企业资产结构合理性的评价：一要看资产项目占资产总额比例的变化；二要看资产项目占收入比例的变化；三要看资产项目变化之后利润率的变化；四要看货币资金或资产负债率的变化。通过这 4 个方面的指标相互比较、相互验证，才有可能得出一个比较恰当的结论。进行资产结构合理性评价，比较理想的方法是使用因素穷尽法，将各种可能的情况穷尽之后再对每一种情况进行评价，会得出比仅考虑几种情况更为准确的评价结论。

案例二：存货变化及其合理性评价

在正常情况下，如果存货占资产总额的比例变化不大，即企业存货的期初和期末余额的水平差别不大，则说明企业的原料采购、生产和销售活动基本正常，存货项目没有出现不合理资金占用，可以不进行存货合理性评价；如果存货占资产总额的比例变化较大，即企业存货在期初和期末的余额水平差距较大，那么企业的生产经营活动可能出现了一些变化，需要进一步分析。

系统通过对存货、收入、成本、利润、预收账款、应收账款等科目变化情况，及其科目间的匹配关系，来对企业存货进行判断并做出合理性评价，展示结果见图 4-37。

2018年存货为25,135.25万元，与2017年的12,029.14万元相比成倍增长，增长108.95%。从存货、收入、成本、利润之间的关系来看，存货增长108.95%，存货占主营业务收入的比例从2017年的1.1%变化为2018年的1.7%，主营业务成本占收入的比例从2017年的28.86%转变为2018年的33.80%。存货大幅增长且与收入变化同步，且成本与收入变化同步，毛利基本不变，存货增长合理。

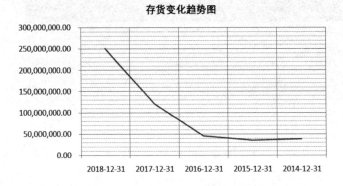

存货变化的合理性评价表

项目名称	2018年		2017年		2016年	
	数值（万元）	增长率（%）	数值（万元）	增长率（%）	数值（万元）	增长率（%）
预付款项	31943.73	19.29	26777.71	62.44	16484.18	77.48
存货	25135.25	108.95	12029.14	164.82	4542.33	29.36
营业收入	1500000	36.87	1095951.27	16.14	943608.19	2.81
营业成本	580000	83.36	316319.35	21.07	261276.75	16.57
现金支付能力	361534.74	-65	1032990.78	83.19	563875.51	16.72

图4-37　存货合理性评价

案例三：应收账款变化及其合理性评价

和存货一样，在企业外部环境和企业经营模式没有发生大的变化的情况下，应收账款在资产总额、营业收入中的占比，应当维持在一个合理、相对稳定的水平。这个水平应当取决于企业的行业特点、客户特点及其外部市场环境。这些因素对企业应收账款的影响表现为：企业由消费品向工业品转变，应收账款会相应增加；企业客户由大量小客户向少量大客户转变，应收账款增加；在经济形势好转时，企业倾向于增加应收账款、延长收账期，在经济形势恶化时，企业倾向于降低应收账款，缩短收账期；在借款利率提高时企业倾向于降低应收账款，在借款利率下降时企业倾向于增加应收账款。

系统通过对应收账款、收入、利润等科目变化情况，及其科目间的匹配关系来对企业应收账款进行判断，并结合应收账款周转率、赊销比率等指标对应收账款的变动做出合理性评价，结果见图4-38。

2018年应收账款为168,791.86万元，与2017年的116,743.00万元相比有较大增长，增长44.58%。从应收帐款、收入、利润之间的关系来看，应收帐款从2017年期的116,743.00万元转变为本期的168,791.86万元，增长44.58 %；营业收入从2017年的1,095,951.27 万元变为本期的1,423,979.25万元，增长29.93%；利润从2017年的598,603.66 万元转变为本期的601,931.97万元，增长0.56％。企业为扩大销售和盈利而放宽信用条件取得一定成效，但市场竞争趋于激烈，盈利水平有待提高。

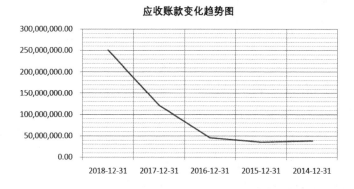

应收账款变化的合理性评价表

项目名	2018年	2017年	2016年
应收账款(万元)	168,791.86	116,743.00	79,981.00
应收账款增长率(%)	44.58	3.90	-1.33
营业收入(万元)	1,423,979.25	1,095,951.27	943,608.18
应收账款增加额(万元)	52,048.86	36,762.00	-12,167.04
应收账款增加额占营业收入比例(%)	3.66	3.35	-1.29
应收账款/营业收入(%)	11.85	10.65	8.48
应收账款占收入比例增幅(%)	1.20	2.18	-1.56

图4-38 应收账款合理性评价

负债权益智能分析

企业的负债和权益是企业的资金来源，是企业经营的资本。企经营的资本，一开始来自于创业者或出资人的出资，当企业开始创造收入、获得利润之后，企业就增加了一种新的经营资本，即利润提留或留存收益。在企业经营发展过程中，如果出资人的投入和企业创造的利润不足以满足企业发展对资金的需求，企业就会举债，形成企业负债。企业的负债，有一部分是经营过程自然形成的，如应付税金、应付职工薪酬等，称为经营性负债，一般属于无息负债；还有一部分是企业从银行或其他机构或个人借来的，需要企业支付利息，如短期借款、长期借款等，一般称为有息负债。这些负债，在取得之后也构成企业的经营资本。

4.2.1 负债权益智能分析内容

负债权益智能分析也称为智能资本分析。智能负债权益分析主要包括负债及权益构成基本情况分析、流动负债构成特点分析、负债变化及其原因分析、权益变化及其原因分析等内容。

1. 资本构成基本情况分析

通过财务指标自定义分析功能，定义资本构成主要科目表和资本构成图，分析资本主要构成项目及其占比情况。

2. 流动负债构成特点

通过定义生成流动负债占比构成图，了解流动负债的基本情况，判断非经营性负债和短期融资性负债的占比情况，从而分析流动负债构成对企业经营管理的影响。

3. 负债和权益变化趋势图

通过负债总额和所有者权益变化情况及其变化原因分析，判断企业资金来源的结构变化趋势和变化原因。

4. 资本结构分析

和资产结构一样，企业负债和权益项目之间也存在着一定的比例关系，这些关系可用资产负债率、负债经营率、产权比率、流动负债率、积累比率、长期资产适合率等指标来揭示，见表4-2。

表 4-2 资本结构分析指标

序号	分析指标	使用说明
1	资产负债率	认为低于50%比较合理的结论是不科学的。一般来说,在景气时期、高盈利时期均可维持较高的资产负债率;在不景气时期和低盈利时期均可维持较低的资产负债率。从各个行业的实际情况来看,盈利较高的行业资产负债率反而较低,盈利较差的行业资产负债率反而较高
2	负债经营率	指长期负债(非流动负债)与所有者权益之比,揭示企业依靠负债资金来扩大经营规模的程度,一般在25%~35%之间比较合理,过低说明利用外部资金来源不足,过高对负债资金的依赖度较大,经营独立性较差
3	产权比率	指负债合计与所有者权益合计之比,一方面揭示企业自负盈亏能力的大小;另一方面揭示企业偿还负债资金的保障程度
4	流动负债率	指流动负债合计与资金来源总额之比,揭示有多少资金来自于短期流动负债,一般要和企业流动资产率相呼应
5	积累比率	指所有者权益中累积留利资金所占的比例,一般认为超过100%比较安全,低于60%表明资本金保障程度不足
6	长期资产适合率	指长期性资金来源与长期性资产之比,说明长期资金来源对长期资产的保证程度

4.2.2 负债权益智能分析应用技巧

1. 负债及权益构成表和构成图

定义负债及权益构成图、表的方法与资产构成图、表相同,结果展示见图 4-39 和图 4-40。

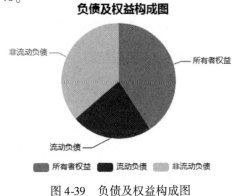

图 4-39 负债及权益构成图

负债及权益构成表

项目名称	2018年 数值	百分比(%)	2017年 数值	百分比(%)	2016年 数值	百分比(%)
负债及权益总额	11,086,071.78	100.00	9,701,462.41	100.00	8,153,540.41	100.00
所有者权益	4,529,582.57	40.86	4,393,197.34	45.28	3,992,077.31	48.96
流动负债	2,531,380.69	22.83	2,271,674.74	23.42	1,354,220.17	16.61
非流动负债	4,025,108.52	36.31	3,036,590.33	31.30	2,807,242.83	34.43

图 4-40　负债及权益构成表

2. 流动负债构成特点

定义流动负债构成图的方式与定义流动资产构成图相同，流动负债构成图的结果展示见图 4-41。

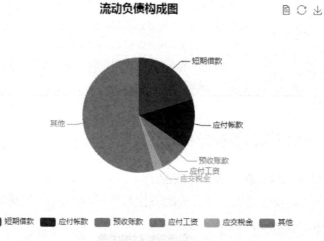

图 4-41　流动负债构成图

3. 负债和权益的变动表及变化趋势图

负债及权益主要构成项目变动情况分析结果展示见图 4-42 和图 4-43。

3.负债的增减变化情况

2018年负债总额为6,556,489.21万元,与2017年的5,308,265.07万元相比有较大增长,增长23.51%。2018年企业负债规模有较大幅度增加,负债压力有较大幅度的提高。

负债变动情况表

项目名称	2018年		2017年		2016年	
	数值	增长率(%)	数值	增长率(%)	数值	增长率(%)
负债总额	6,556,489.21	23.51	5,308,265.07	27.56	4,161,463.1	16.85
短期借款	514,851.67	1,616.12	30,001	-40	50,001	-44.26
应付账款	357,209.55	627.2	49,121.5	39.07	35,321.94	26.36
其他应付款	848,034.12	15.56	733,870.95	42.25	515,896.3	8.4
非流动负债	4,025,108.52	32.55	3,036,590.33	8.17	2,807,242.93	12.32
其他	811,285.35	-44.38	1,458,681.29	93.72	753,000.6	60.71

图 4-42　负债变动情况

5、权益的增减变化情况

2019年所有者权益为992,669.78万元,与2018年的945,136.83万元相比有所增长,增长5.03%。

所有者权益变动表

项目名称	2019年		2018年		2017年	
	数值	增长率(%)	数值	增长率(%)	数值	增长率(%)
所有者权益合计	992,669.78	5.03	945,136.83	15.29	819,818.98	147.05
资本金	240,794.54	0	240,794.54	0	240,794.54	0
资本公积	23,036.86	10.56	20,835.66	98.94	10,473.22	31.37
盈余公积	121,172.11	-1.29	122,756.48	0.81	121,764.49	43.61
未分配利润	423,976.36	-0.74	427,140.82	0.26	426,012.55	1,097.31

图 4-43　所有者权益变动情况

负债及权益主要构成项目变动趋势结果展示见图 4-44 和图 4-45。

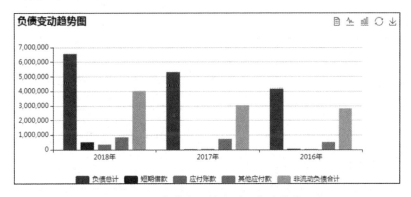

图 4-44　负债主要构成项目变动情况

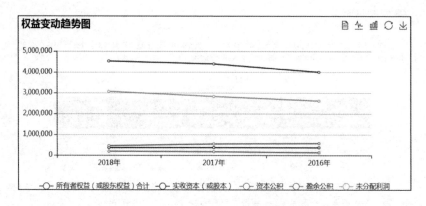

图 4-45　权益主要构成项目变动趋势

4. 资本及结构钻取分析的方法

与钻取资产结构操作相同，单击"深度钻取分析"进入"深度指标分析"界面。以查看智泽华 2018 年资本构成情况为例说明，见图 4-46。

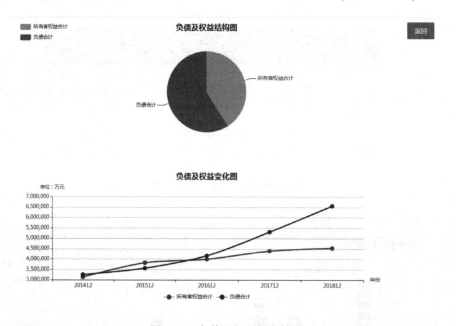

图 4-46　负债及权益深度钻取

从企业资金来源角度分析，资本结构还可以按照货币性负债、经营性负债和结构性负债进行划分，见图 4-47。

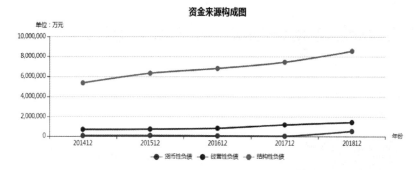

图 4-47　按资金来源划分资本结构

5. 负债和权益构成分析报告定义和生成

负债和权益构成报告的定义与生成方式，与资产构成分析报告的定义和生成方式相同。

（1）在"建立报告模板"界面，将负债及权益结构分析整体模块通过单击"右移"方式选取，输入自定义报告名称并予以保存，见图4-48。

图 4-48　负债及权益结构分析报告建立

（2）在"自定义模型报告"界面对自定义报告进行查看，见图4-49。

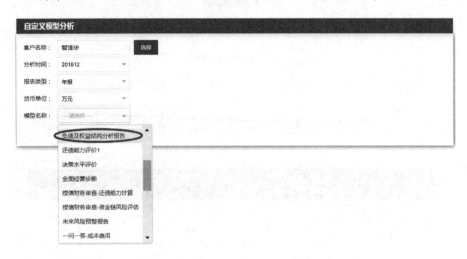

图4-49 自定义分析报告的选择

（3）单击"生成报告"按钮可在线预览，见图4-50。单击"下载报告"按钮可将报告下载至本地，以 Word 格式保存。

1.负债及权益构成基本情况

　　智泽华2018年负债总额为6,556,489.21万元，资本金为355,000万元，所有者权益为4,529,582.57万元，资产负债率为59.14%。在负债总额中，流动负债为2,531,380.69万元，占负债和权益总额的22.83%；短期借款为514,851.67万元，非流动负债为4,025,108.52万元，金融性负债占资金来源总额的40.95%。

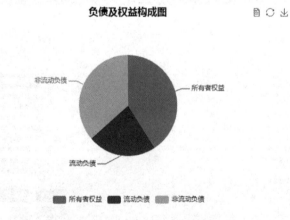

图4-50 负债及权益结构报告生成结果展示

4.2.3 负债权益智能分析案例解读

案例一：负债及权益的增减变动

系统根据分析期与比较期的财务数据，自动计算企业的负债总额和所有者权益增长率，并根据变动幅度，对负债和权益的变动给出不同结论，比如有所增长、较大增长、有所下降、较大幅度下降等描述。同时，通过对连续多期的数据进行分析，形成负债和权益变动趋势图，见图4-51。

2018年负债总额为129,295,862.65万元，与2017年的97,867,297.86万元相比有较大增长，增长32.11%。2018年企业负债规模有较大幅度增加，负债压力有较大幅度的提高。

2018年所有者权益为23,562,073万元，与2017年的18,667,393.92万元相比有较大增长，增长26.22%。

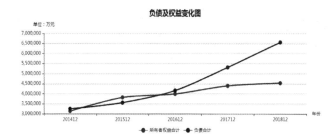

图 4-51　负债及权益增减变动分析结果展示

案例二：负债及权益的增减变动原因分析

系统会根据企业负债和权益的构成项目，对负债总额和所有者权益的增减变动原因进行分析。下面以 2018 年万科 A 和智泽华为例说明。万科 A 的负债和权益变化原因见图 4-52 和图 4-53。

4、负债的增减变化原因

以下项目的变动使债总额增加：其他流动负债增加5,559,268.98万元，其他应付款增加4,262,758.94万元，长期借款增加2,490,001.07万元，一年内到期的非流动负债增加2,292,857.53万元，应付债券增加1,477,247.39万元，应交税费增加795,595.45万元，应付职工薪酬增加84,043.79万元，应付利息增加46,852.56万元，应付股利增加46,315.31万元，递延所得税负债增加27,361.28万元，共计增加17,081,302.29万元.；以下项目的变动使债总额减少：预计负债减少1,633.86万元，其他非流动负债减少20,261.78万元，应付票据减少333,018.32万元，短期借款减少600,694.13万元，应付账款减少17,343,940.27万元，预收款项减少40,745,197.47万元，共计减少59,044,745.83万元。增加项与减少项相抵，使负债总额增长41,963,443.55万元。

图 4-52　万科 A 负债增减变化原因

6. 权益的增减变化原因

以下项目的变动使所有者权益增加：未分配利润增加1,455,300.01万元，盈余公积增加1,149,317.42万元，共计增加2,604,617.44万元；以下项目的变动使所有者权益减少：资本公积减少32,363.54万元，其他综合收益减少263,372.27万元，共计减少295,735.81万元。增项与减少项相抵，使所有者权益增长2,308,881.63万元。

图4-53　万科A权益增减变化原因

智泽华2018年负债及权益变化原因见图4-54和图4-55。

4. 负债的增减变化原因

以下项目的变动使负债总额增加：短期借款增加484,850.67万元，其他非流动负债增加340,676.76万元，应付账款增加308,088.05万元，长期借款增加293,369.83万元，应付债券增加225,991.64万元，递延所得税负债增加129,426.2万元，其他流动负债增加116,168.46万元，其他应付款增加114,163.16万元，应付职工薪酬增加11,344.89万元，共计增加2,024,079.65万元；以下项目的变动使负债总额减少：长期应付款减少2,977.71万元，应交税费减少31,958.99万元，预收款项减少181,926.27万元，一年内到期的非流动负债减少560,145.58万元，共计减少777,008.55万元。增加项与减少项相抵，使负债总额增长1,247,071.1万元。

图4-54　智泽华负债增减变化原因

6. 权益的增减变化原因

以下项目的变动使所有者权益增加：未分配利润增加237,472.48万元，盈余公积增加19,376.63万元，共计增加256,849.11万元；以下项目的变动使所有者权益减少：实收资本减少7,391.7万元，资本公积减少87,209.65万元，共计减少94,601.35万元。增加项与减少项相抵，使所有者权益增长162,247.76万元。

图4-55　智泽华权益增减变化原因

本章小结

　　智能资产负债分析主要是对企业资产、负债和权益的构成及资本结构进行分析，具体包括资产构成整体情况分析、流动资产构成特点分析、资产结构合理性评价、流动负债构成特点分析、资本结构分析以及各种自定义指标分析和指标钻取分析等内容。资产分析的目的是掌握企业资产结构的变动趋势、评价企业资产结构的合理性；负债和权益分析的目的是关注企业负债的变化，了解企业负债水平和资金来源结构；自定义分析的目的是建立自己期望的智能分析模板，按照自己的分析思路建立分析内容、分析指标，生成分析报告。

本章习题

名词解释

资产构成分析　　　　资产构成整体情况　　　流动资产构成特点
资产结构合理性评价　　资产结果变动情况　　　正指标
反指标　　　　　　　　自定义指标　　　　　　图表展现
钻取分析　　　　　　　建立报告模板　　　　　流动负债构成特点
资产结构分析指标　　　资本结构分析指标

简答题

1. 如何进行资产结构合理性智能评价？
2. 如何进行资产结构合理性变动智能评价？
3. 如何进行流动资产构成特点的智能化分析？
4. 简述自定义分析图的主要流程。
5. 简述自定义分析表的主要流程。
6. 简述自定义分析指标的主要方法。
7. 报告模板能否实现系统中已有模型和自定义模型的融合？
8. 如何将一种分析思路转化为一个报告模板？
9. 如何进行流动负债构成特点分析？
10. 试述负债结构分析的主要指标。

第 5 章　盈利能力智能分析

 **学习目的**

1. 掌握利润构成智能分析方法。
2. 掌握成本费用智能分析方法。
3. 掌握盈利能力智能分析方法。
4. 掌握上市企业投资收益能力分析方法。
5. 熟练掌握盈利能力分析主要指标。

盈利能力分析主要是从经营业务、资产报酬、投入产出、资本收益等多个角度对企业创造利润的能力进行比较和评价。通过分析，一方面揭示企业利润的构成和规模；另一方面揭示企业销售的盈利能力、资产的盈利能力和投资的回报能力。盈利能力智能分析就是借助智能财务分析系统对这些内容进行分析，自动生成分析结果。

 5.1 利润构成智能分析

5.1.1 利润构成智能分析内容

利润是企业盈利能力的综合反映，利润构成、结构和来源上的差异可揭示企业经营的质量、稳定性和可持续性，分析指标见表5-1和表5-2。

表 5-1 利润构成分析指标

序号	分析指标	计算公式	指标使用说明
1	毛利润	毛利润 = 营业收入 – 营业成本	指经营业务最基本的盈利能力，揭示缴纳税金、弥补期间费用的能力
2	销售利润	销售利润 = 营业收入 – 营业成本 – 销售费用 – 产品销售税金及附加	指销售活动费用记入成本之后的盈利，揭示弥补固定费用和创造盈利的能力

(续)

序号	分析指标	计算公式	指标使用说明
3	经营利润	经营利润 = 营业收入 – 营业成本 – 产品销售税金及附加 – 销售费用 – 管理费用 – 财务费用	揭示企业内部经营活动的盈利水平，可与经营活动现金净流量比较，揭示利润质量
4	营业利润	营业利润 = 经营利润 – 资产减值损失 – 信用减值损失 + 公允价值变动 + 投资收益 + 资产处置收益	包含企业投资、融资、经营活动的成本费用和资产价格变动之后的盈利水平，强调在计算企业收入、成本、费用和资产价格变动损益之后的利润
5	利润总额	利润总额 = 营业利润 + 营业外收入 – 营业外支出	是将当期企业的非经常性收支活动的结果考虑进去之后的利润
6	净利润	净利润 = 利润总额 – 以前年度损益调整 – 所得税费用	缴纳所得税之后的归出资人分配的利润

表 5-2 利润结构分析指标

序号	分析指标	指标使用说明
1	经营利润占利润总额的比例	越高企业经营主业越突出，利润越稳定
2	资产价值变动收益占利润总额的比例	越低企业资产价值越稳定，盈利质量越高
3	投资收益占利润总额的比例	要区别是现金收益还是账面收益，是投资价值变动收益还是投资取得的盈利
4	非经常性收益占利润总额的比例	非经常性收益一般是各种营业外、非经常性收支净额，占比越低利润越稳定

5.1.2 利润构成智能分析应用技巧

利润构成智能分析主要包括不同层次利润基本情况、利润结构、经营业务盈利能力等分析内容。可通过财务指标自定义功能，定义不同层次利润的变化图；可通过不同层次利润的核算及其变化情况，判断企业利润的来源，分析其是否稳定可靠；通过揭示利润因来源不同、核算方式不同所形成的差异，揭示企业利润的质量、稳定性和可持续性；通过成本与收入的变动关系，分析企业成本投入的盈利能力和企业资本的收益能力。

1. 利润总额与营业利润变化趋势图

（1）单击"图定义"进入"图定义"界面，见图 5-1。

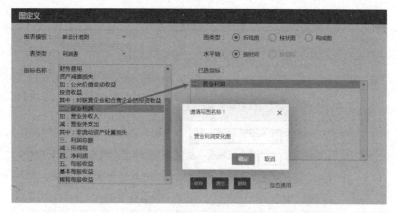

图 5-1　定义营业利润变化图

（2）实现利润的定义方式与营业利润相同，已定义的图可以在"图表展现"中查看，见图 5-2。

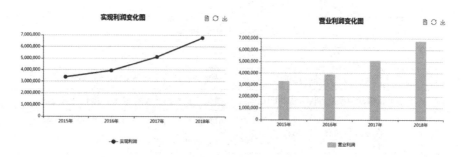

图 5-2　实现利润和营业利润变化展示

（3）还可以将多指标放在同一张图里进行展示，方便两个指标之间进行比较，操作见图 5-3。多指标的变动趋势图结果展示见图 5-4。

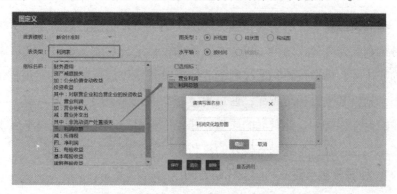

图 5-3　定义多利润指标变化趋势

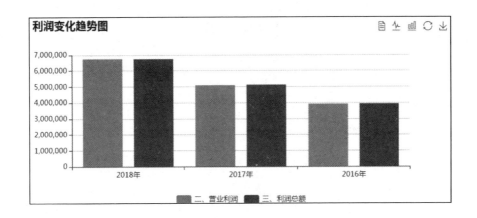

图 5-4　多利润指标变化趋势展示

2. 投资收益与营业外利润变化趋势图

（1）营业外收支是企业来自于营业外活动的利润，是营业外收入减去营业外支出之后的结果。因为利润表里不能直接提取营业外收支净额数值，因此需要通过自定义指标的方式先定义该指标，见图5-5。

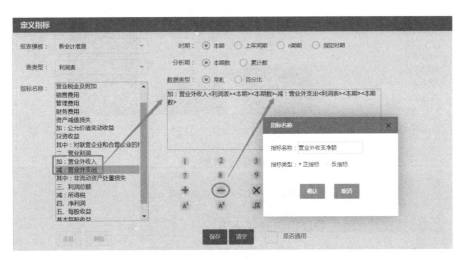

图 5-5　营业外收支指标自定义

（2）定义投资收益与营业外收支变化情况图的操作同上，结果展示见图5-6和图5-7。

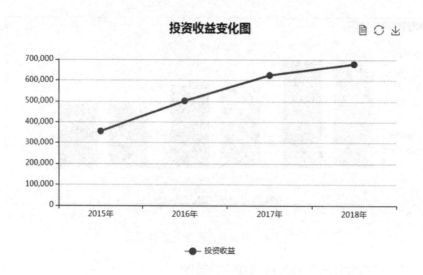

图 5-6　投资收益变化趋势

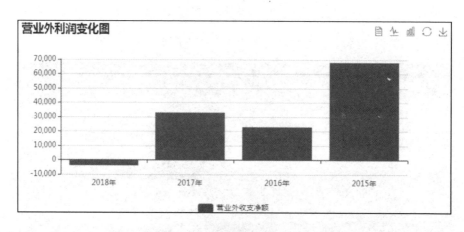

图 5-7　营业利润变化趋势

3. 实现利润的主要项目增减变化表

单击"表定义"进入"表定义"界面，通过双击的方式将营业收入、利润总额、营业利润、投资收益、营业外收支净额选入"已选指标"，在"表列"处勾选"实际数"和"增长率"，单击"保存"按钮，完成实现利润增减变化表的定义，见图5-8。实现利润增减变化分析结果展示见图5-9。

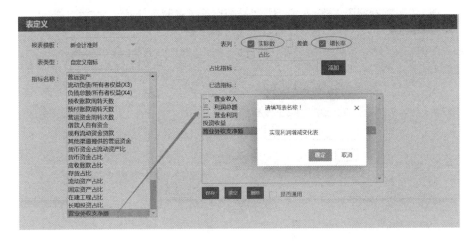

图 5-8　实现利润增减变化表定义

实现利润增减变化表

项目名称	2018年		2017年		2016年	
	数值	增长率(%)	数值	增长率(%)	数值	增长率(%)
营业收入	29,767,933.11	22.55	24,289,711.03	1.01	24,047,723.69	22.98
实现利润	6,746,020.14	31.91	5,114,195.27	30.29	3,925,361.17	16.13
营业利润	6,749,861.25	32.84	5,081,291.64	30.21	3,902,377.88	17.82
投资收益	678,793.45	8.7	624,456.17	24.55	501,383.59	40.76
营业外利润	-3,841.11	-111.67	32,903.63	43.16	22,983.29	-66.19

图 5-9　实现利润增减变化表分析结果

4. 利润构成智能分析报告的定义和生成

案例一：利润构成智能分析报告的定义

在"建立报告模板"界面，单击选中"分析报告"基础模板内的一级标题"三、实现利润分析"，单击"右移"按钮将其选至右侧新建模板区域。单击"自动编号"按钮更新原始编号，对新定义的模板内容编号重新编辑，单击"保存"按钮，见图 5-10。

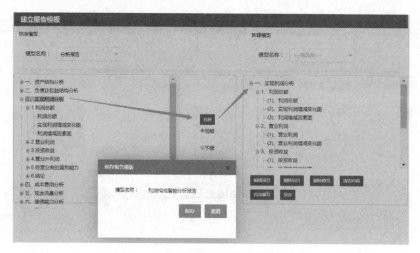

图 5-10 定义利润构成智能分析报告

案例二：利润构成智能分析报告的生成

单击"自定义分析报告"进入"自定义模型分析"界面。依次选择"客户名称""分析时间""报告类型""货币单位"选项，在"模型名称"下拉菜单中选择"利润构成智能分析报告"。单击"生成报告"，可在线预览。报告部分内容展示见图 5-11。单击"下载报告"，可将报告下载至本地，以 Word 格式保存。

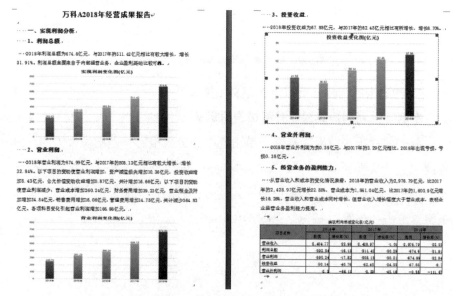

图 5-11 利润构成智能分析报告部分内容展示

5.1.3 利润构成智能分析案例解析

针对不同企业的利润构成，可对企业不同经营环节的盈利情况做出评价，也可对企业经营业务的盈利能力给出判断。下面以万科 A 和深华发 A 为例说明。

系统对万科 A 给出的利润分析报告如图 5-11 所示，从中可以看出，该公司实现利润持续快速增长的主要原因是该公司的营业利润持续快速增长，而营业利润持续快速增长的主要原因是其经营业务的毛利持续快速增长。该公司的投资收益有所增长，但营业外利润出现下降。

深华发 A 经营业务的盈利能力（主要是收入和成本之差所形成的毛利）分析结果分别如图 5-12 和图 5-13 所示。2018 年万科 A 和深华发 A 的经营业务盈利能力均提高，万科 A 的收入和成本均出现增长，而深华发 A 的收入和成本均出现下降，表明万科 A 的经营规模在扩大，盈利水平在提高，经营业务相对健康发展。而深华发 A 的成本下降速度快于收入，企业毛利水平上升，经营业务的盈利水平提高，但其营业利润随着收入的下降而出现下降，说明其期间费用的变化存在刚性，不能与收入一起同比例下降，致使企业的整体盈利水平下降。

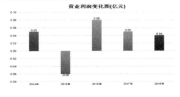

图 5-12 深华发 A 利润构成分析

5、经营业务的盈利能力

从营业收入和成本的变化情况来看，2018年的营业收入为63,704.67万元，比2017年的85,804.01万元下降25.76%，营业成本为56,669.15万元，比2017年的77,790.66万元下降27.15%，营业收入和营业成本同时下降，但营业成本下降幅度大于营业收入，表明企业经营业务盈利能力提高。

实现利润增减变化表

项目名称	2018年 数值	2018年 增长率(%)	2017年 数值	2017年 增长率(%)	2016年 数值	2016年 增长率(%)
营业收入	63,704.67	-25.76	85,804.01	38.58	61,916.78	23.97
实现利润	459.2	81.42	253.11	-70.85	868.3	350.27
营业利润	404.62	-23.91	531.79	-36.62	839.1	233.18
投资收益	32.64	-12.31	37.22	11.46	33.4	-98.68
营业外利润	54.58	119.59	-278.68	-1,054.25	29.2	-89.68

图 5-13　深华发 A 经营业务盈利能力分析

万科 A 与深华发 A 的经营业务盈利能力分析结论见图 5-14 和图 5-15。结果显示，对万科来说，收入成本提高，经营业务盈利能力提升，营业利润迅猛增加，经营业务开展得很好。对深华发而言，收入下降，经营利润也大幅下降，经营业务开展得很不理想。

6.结论

在市场份额迅速扩大的同时，营业利润也迅猛增加，经营业务开展得很好。

图 5-14　万科 A 经营业务盈利能力结论

6.结论

在营业收入大幅度下降的同时经营利润也大幅下降，企业经营业务开展得很不理想。

图 5-15　深华发 A 经营业务盈利能力结论

成本费用智能分析

企业为了取得收入，一般均需要投入一定的资金，形成一定的成本费用，没有成本费用开支而取得收入的情况非常少见（政府补贴是一种例外情况）。成本费用的产生，一方面有可能减少企业的资产，如支付各种费用开支；另一方面有可能增加企业的负债，如形成应付职工薪酬等。压缩成本费用开支水平，降低成本费用消耗，一方面可以节约企业的资金、增加企业的资产；另一方面可以降低企业的负债、增加企业的利润，改善企业财务状况。相反，企业成本费用的恶性膨胀，会减少资产，减少企业利润，恶化企业财务状况。因此，企业成本费用的变化，对企业的经营成果和财务状况有很大影响。

5.2.1 成本费用智能分析内容

成本费用智能分析包括成本费用构成基本情况、营业成本变化情况及原因分析情况、销售费用和管理费用变化情况及合理性评价等内容。

1. 成本费用构成基本情况分析

通过财务指标自定义功能，定义企业成本费用构成项目表和成本构成图，定义企业成本费用构成项目占比变化趋势表及变化趋势图。通过对成本费用构成项目及其变动情况进行分析，了解企业生产经营过程中的成本费用投入情况。

2. 营业成本变化情况及原因分析

通过对营业成本的变化情况及其变化原因进行分析，了解企业为产生营业收入需要直接支出的成本和费用的变动情况。

3. 销售费用变化情况及合理性评价

通过销售费用自身的增减变动，结合管理费用与收入之间相对变动趋势分析，对销售费用的合理性进行评价。

4. 管理费用变化情况及合理性评价

通过管理费用自身的增减变动，结合管理费用与收入之间相对变动趋势分析，对销售费用的合理性进行评价。

5.2.2 成本费用智能分析应用技巧

1. 成本构成变化趋势表与成本构成图的定义

案例一：定义成本费用总额指标

总成本即成本费用总额，由营业成本、期间费用和相关税费构成。通过财务指标定义功能定义成本费用总额指标,见图5-16。

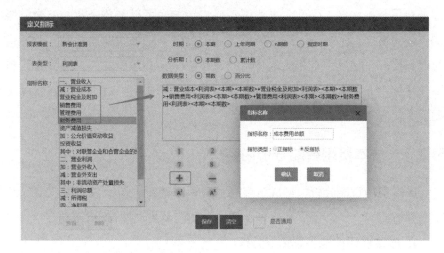

图5-16　定义成本费用总额指标

案例二：定义成本构成表

成本构成表包括成本费用总额、营业成本、销售费用、管理费用、财务费用、营业税金及附加项目，除了这6个指标的实际数据，我们还需要知道构成成本费用的5个指标占总额的占比变化情况。

（1）双击"指标名称"内的指标将其移至"已选指标"框内，见图5-17。

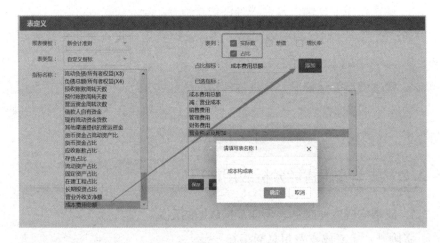

图5-17　定义成本构成表

（2）在左侧指标名称内单击选中"成本费用总额"，单击"添加"，选择占比指标，将成本费用总额作为构成占比指标的分母。在"表列"处勾选"实际数"和"占比"，可以在表内显示指标数值及占比。成本构成表结果预览见图5-18。

成本构成表(占成本费用总额的比例)

项目名称	2018年		2017年		2016年	
	数值	百分比(%)	数值	百分比(%)	数值	百分比(%)
成本费用总额	23,584,199.67	100.00	19,832,384	100.00	20,646,729.4	100.00
营业成本	18,610,422.42	78.91	16,007,991.59	80.72	16,974,240.34	82.21
销售费用	786,807.56	3.34	626,198.13	3.16	516,071.59	2.50
管理费用	1,034,080.52	4.38	886,571.41	4.47	680,056.19	3.29
财务费用	599,857.47	2.54	207,525.68	1.05	159,206.8	0.77
营业税金及附加	2,317,606.22	9.83	1,972,223.07	9.94	2,197,875.46	10.65

图5-18　成本构成表结果预览

案例三：成本构成图的定义

单击"图定义"进入"图定义"界面，指标选择方法与上同。在"图类型"中勾选"构成图"选项，见图5-19。成本构成图的结果预览见图5-20。

图5-19　定义成本构成图

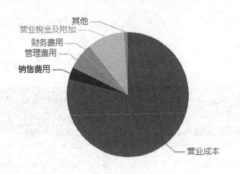

图 5-20　成本构成图结果预览

2. 成本费用总额变化图

成本费用总额变化图的定义方式同上，结果预览见图 5-21。

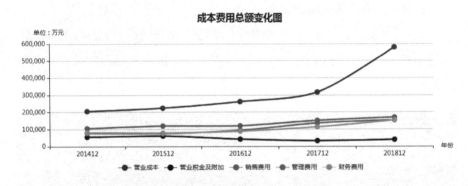

图 5-21　成本费用总额变化图结果预览

3. 成本项目占比变化趋势表

成本项目占比变化趋势表与趋势图，与总成本构成表和构成图的差别在于，成本项目占比是指构成成本的各个项目占营业收入的比例，而总成本的构成占比是构成总成本的各个项目占成本费用总额的比例。

将所需指标添加到"已选指标"框，将营业收入选为占比指标，在"表列"处勾选"实际数"和"占比"，见图 5-22。成本构成变动情况表定义结果见图 5-23。

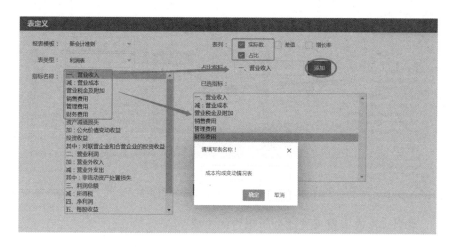

图 5-22　定义成本构成变动情况表

成本构成变动情况表(占营业收入的比例)

项目名称	2018年		2017年		2016年	
	数值	百分比(%)	数值	百分比(%)	数值	百分比(%)
营业收入	63,704.67	100.00	85,804.01	100.00	61,916.78	100.00
营业成本	56,669.15	88.96	77,790.66	90.66	53,473.65	86.36
营业税金及附加	397.6	0.62	644.79	0.75	613.76	0.99
销售费用	1,410.02	2.21	1,591.65	1.85	1,141.53	1.84
管理费用	3,851.52	6.05	4,278.31	4.99	5,026.15	8.12
财务费用	1,031.68	1.62	897.91	1.05	501.29	0.81

图 5-23　成本构成变动情况表结果预览

4. 成本费用智能分析报告的定义和生成

案例一：成本费用智能分析报告的定义

在"建立报告模板"界面，单击选中"分析报告"基础模板内的一级标题"四、成本费用分析"，单击"右移"按钮将其选至右侧新建模板区域。通过"自动编号"按钮更新原始编号，对新定义的模板内容编号重新编辑，然后单击"保存"，见图 5-24。

图 5-24　定义成本费用智能分析报告

案例二：成本费用智能分析报告的生成

单击"自定义分析报告"进入"自定义模型分析"界面。依次选择"客户名称""分析时间""报告类型""货币单位"选项，在"模型名称"下拉菜单中选择"资产构成分析报告"。单击"生成报告"可在线预览，报告部分内容预览见图 5-25。单击"下载报告"，可将报告下载至本地，以 Word 格式保存。

二、成本费用分析
1、成本构成情况

万科A2018年成本费用总额为2,334.88亿元，其中：营业成本为1,861.04亿元，占成本总额的79.71%；销售费用为78.68亿元，占成本总额的3.37%；管理费用为103.41亿元，占成本总额的4.43%；财务费用为59.99亿元，占成本总额的2.57%；营业税金及附加为231.76亿元，占成本总额的9.93%。

成本构成表（占成本费用总额的比例）（亿元）

项目名称	2016年		2017年		2018年	
	数值	百分比(%)	数值	百分比(%)	数值	百分比(%)
成本费用总额	-2,052.75	-100.00	-1,970.05	-100.00	-2,334.88	-100.00
营业成本	-1,697.42	-82.69	-1,600.8	-81.26	-1,861.04	-79.71
营业税金及附加	-219.79	-10.71	-197.22	-10.01	-231.76	-9.93
销售费用	-51.61	-2.51	-62.62	-3.18	-78.68	-3.37
管理费用	-68.01	-3.31	-88.66	-4.50	-103.41	-4.43
财务费用	-15.92	-0.78	-20.75	-1.05	-59.99	-2.57
研发费用						

2、总成本变化情况及原因分析

万科A2018年成本费用总额为2,334.88亿元，与2017年的1,970.05亿元相比有较大增长，增长18.52%。以下项目的变动使总成本增加：营业成本增加260.24亿元，财务费用增加39.23亿元，营业税金及附加增加34.54亿

图 5-25　成本费用智能分析报告部分内容预览

5.2.3 成本费用智能分析案例解析

我们分别以房地产行业的两家不同企业深物业 A 和深振业 A 为例，解析销售费用和管理费用的合理性评价。

案例一：销售费用变化及合理性评价

深物业 A 和深振业 A 销售费用的变化情况及合理性评价结果见图 5-26 和图 5-27。

4.销售费用变化及合理性评价

2018年销售费用为4,650.12万元，与2017年的3,117.92万元相比有较大增长，增长49.14%。2018年尽管销售费用大幅度增长，但营业收入却呈下降趋势，表明企业市场销售形势不太理想，应当采取措施，调整产品结构、销售战略或销售队伍。

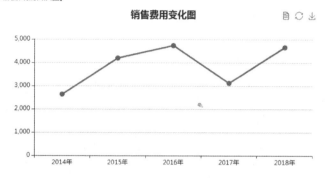

图 5-26　深物业 A 销售费用变化及合理性评价

4.销售费用变化及合理性评价

2018年销售费用为4,311.77万元，与2017年的4,896.62万元相比有较大幅度下降，下降11.94%。2018年在销售费用大幅度下降的同时营业收入也出现了较大幅度的下降，但企业的营业利润却没有下降，表明企业采取了紧缩成本费用支出、提高盈利水平的经营战略，并取得了明显成效。

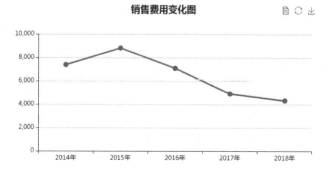

图 5-27　深振业 A 销售费用变化及合理性评价

深物业 A 2018 年销售费用较上年增加，但收入并未随之增加。深振业 A 2018 年在销售费用下降、收入下降的同时，利润却有所增加。从两者销售费用变化情况可以看出，系统对于不同企业销售费用变化不同情况下给出的结论与决策建议也不同。

案例二：管理费用变化及合理性评价

深物业 A 和深振业 A 管理费用的变化情况及合理性评价结果如图 5-28 和图 5-29 所示。可以看出，深物业 A 管理费用下降，占收入比例也

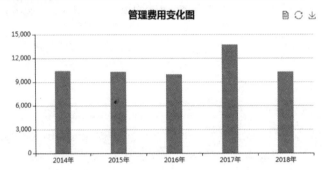

图 5-28 深物业 A 管理费用变化及合理性评价

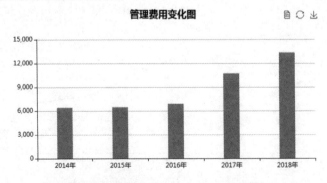

图 5-29 深振业 A 管理费用变化及合理性评价

下降，再结合其经营业务盈利能力，结论为深物业 A 的管理费用支出不合理；而深振业 A 管理费用上升，占收入比例也同时上升，其自身经营业务盈利能力水平也有所提高，因此系统判断深振业 A 管理费用支出合理。

盈利能力智能分析

企业的盈利能力就是用一定的资产和资本创造利润的能力。进行企业盈利能力分析，除了分析企业的利润结构，还应当分析企业经营业务的盈利能力、企业资产的盈利能力、企业资本的收益能力和企业成本费用投入的盈利能力。

5.3.1 盈利能力智能分析内容

1. 经营业务的盈利能力分析

经营业务的盈利能力可用利润和收入的比值来表示，反映每取得 1 元销售收入所能创造的利润。分析指标见表 5-3。

表 5-3 经营业务的盈利能力分析指标

序号	分析指标	使用说明
1	毛利率	揭示由行业决定的经营业务的盈利水平。2009 年数据计算结果显示，毛利率最低的行业是贸易经纪，建材、纺织、服装行业也较低，一般不足 10%；毛利率最高的行业是高速公路，在 70% 以上；酒店、机场、港口也比较高，通常在 50% 以上；电子、电器、机械设备制造行业一般为 15%～30%；软件、饮料、煤炭开采、生物制品行业一般为 30%～45%
2	经营利润率	说明经营业务本身的盈利能力，越高越好
3	营业利润率	反映包含投资收益的企业经营和投资活动的整体盈利能力。不同行业与企业之间该指标差距较大，超过 6% 比较理想。对控股公司等销售收入较低的企业而言，该指标意义不大
4	销售净利率	综合反映企业各个环节影响之后的盈利能力，可通过分解为收入、成本、费用、投资收益、营业外收支 5 个方面查找变化原因

2. 资产投资的回报能力分析

企业资产的盈利能力是指企业每投入 1 元的资产所能取得的利润，它揭示企业占用资源不同情况下的盈利水平。分析指标见表 5-4。

表 5-4　资产回报能力分析指标

序号	分析指标	使用说明
1	总资产报酬率	揭示企业资产的盈利能力，可以在不同资金结构企业之间进行比较，一般要求高于银行长期存款利率
2	总资产利润率	考虑负债成本差异的影响，可以进行不同企业资产盈利水平的比较
3	总资产净利率	考虑所得税差异的影响，可以进行不同税率企业资产盈利水平的比较
4	内部资产收益率	是企业内部占用资产的盈利水平，可以和对外投资的收益率比较
5	内部经营资产收益率	扣除了未在经营中充分利用的资产的影响，可更准确地反映企业内部资产盈利能力
6	对外投资收益率	是企业对外投资取得的盈利水平，应高于内部经营资产收益率

3. 资本投资的收益能力分析

企业出资人投入资金的收益能力，主要是投入资本和利润的比值，揭示投资者投入资金的盈利能力。分析指标见表 5-5。

表 5-5　投资收益能力分析指标

序号	分析指标	使用说明
1	净资产收益率	是所有者投入资金的回报率，可以在企业之间进行比较，一般要求要高于银行长期贷款利率（如 5%）。但该指标是一个由资产规模、周转速度、负债规模、盈利能力共同决定的盈利能力综合评价指标，受当期净利润波动和所有者权益差异的影响较大，因此其解释能力有限
2	每股收益	在账面所有者权益很低的情况下，每股收益指标优于净资产收益率
3	每股净资产	是股票在企业目前账面所反映的价值的一个计量指标，能够剔除当年净利润波动和净资产波动的影响，可以作为反映企业长期投资回报率的一个很好的指标
4	市盈率	反映股票被投资人估值情况的一个指标，该指标越高表明投资人对该企业的未来越乐观，通常在 10~15 之间，但不同行业和企业之间的差距较大。过高的市盈率可能表明该企业的股票价值存在被高估的情况，过低的市盈率可能表明该企业的股票价值被低估。在大多数情况下，市盈率仅是股票价格波动和企业利润波动的一个结果，很难反映长期盈利水平

(续)

序号	分析指标	使用说明
5	市净率	每股市价与每股净资产之比,是股票账面价值被股票市场评价之后的一个结果,反映1元账面价值在股市上实际值多少元。因此是企业净资产的市场估价,过低说明其账面价值被市场低估,过高说明其账面价值被市场高估。与市盈率相比该指标受当期盈利波动的影响较小
6	每股股利	揭示投资者当期从企业所得到的实际投资回报,是股票分红水平的一个重要指标
7	股票获利率	是每股股利和每股股价的比,揭示购买股票投入成本的实际投资回报率,可与银行利率等比较来评价股票投资的盈利水平
8	股票得利率	考虑股票价差收益和股票获得红利之后的股票投资的盈利能力,比股票获利率更全面
9	股利保障倍数	是净利润与股利总额之比,说明发放股利的保障程度。其倒数是股利支付率,揭示了每股利润中支付股利的多少
10	每股经营现金净流量	是经营现金净流量与股票数量之比。在企业利润波动较大的时候,用该指标能够更客观地反映企业每股股票的盈利能力,可和每股收益指标比较来说明收益质量
11	每股股利现金保障倍数	是每股经营现金净流量与每股现金股利之比,揭示用现金保障股利发放的能力,股利要用现金支付,因此该指标比股利保障倍数更加可靠一些

4. 成本投入的利润率分析

还有一类盈利能力分析指标是单位成本或单位消耗与盈利的比值,揭示企业付出的成本费用消耗创造利润的能力,见表5-6。

表5-6 成本费用支出利润率分析指标

序号	分析指标	使用说明
1	成本费用利润率	说明企业每投入1元钱的盈利能力,该指标在不同行业、企业和时期之间差别较大,超过8%比较理想。越高越好,要注意投资收益为负、非经常收益为负的影响
2	期间费用利润率	越高越好,在控制期间费用方面比单纯考察期间费用占收入之比更有效

（续）

序号	分析指标	使用说明
3	人工成本利润率	在控制和评价人工成本方面，要比平均工资更有效

5.3.2 盈利能力智能分析应用技巧

1. 盈利能力基本指标表

盈利能力基本指标包括营业毛利率、营业利润率、成本费用利润率、总资产报酬率和净资产收益率等。

（1）在"表定义"界面的"表类型"中，有一个分类称为"常用指标"。我们把除资产负债表、利润表和现金流量表3张基础财务报表内含的指标单独分类，作为常用指标管理。系统内置的常用指标分为盈利能力分析、资产质量状况、经营增长状况、营运能力分析、经营协调性指标、经营风险分析、发展能力分析、现金盈利能力状况、现金管理效率等几大类。与自定义指标不同的是，系统内置的常用指标不能通过定义保存，定义的指标值保存在自定义指标分类内。

（2）与上述定义表操作相同，在"常用指标"内双击上述指标将其选至右侧"已选指标"框，在"表列"属性处勾选"实际数"，见图5-30。

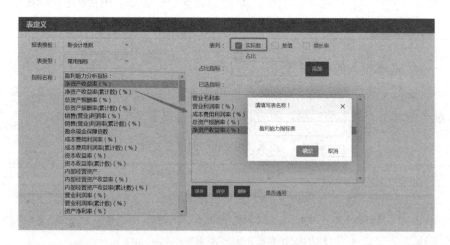

图5-30　盈利能力指标表定义步骤

（3）在"图表展现"界面查询定义表，查看2016—2018年3年的盈利能力指标，见图 5-31。

项目名称	2018年	2017年	2016年
营业毛利率	29.7	25.98	20.27
营业利润率	22.67	20.92	16.23
成本费用利润率	28.6	25.79	19.01
总资产报酬率	5.45	5.33	5.67
净资产收益率	23.34	21.36	19.03

盈利能力指标表(%)

图 5-31　盈利能力指标表结果预览

2. 资产报酬率变化趋势图

总资产报酬率是企业一定时期内获得的回报总额与平均资产总额的比，它揭示企业资产的获利能力，计算公式为

$$总资产报酬率 = 利润总额/平均资产总额 \times 100\%$$

该比率越高，表明资产利用的效益也高，整个企业活力能力越强，经营管理水平越高。

（1）资产报酬率变化趋势图的定义操作与上述"图定义"操作相似，见图 5-32。

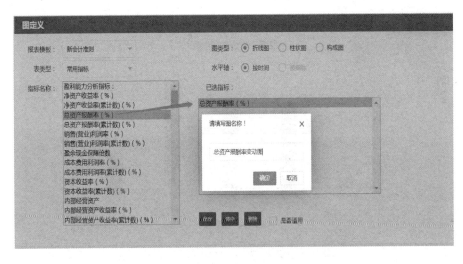

图 5-32　总资产报酬率变动图定义步骤

（2）在"图表展现"界面可进行定义图的查看。将光标移至拐点处可显示，结果见图 5-33。

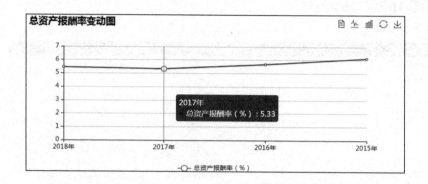

图 5-33　总资产报酬率变动图结果预览

3. 净资产收益率变化趋势图

净资产是企业资产总额减去负债总额之后剩余的资产，其在数值上等于企业的所有者权益合计，因此净资产收益率也称权益收益率、资本收益率、资本回报率。其计算公式为

$$净资产收益率 = 净利润/所有者权益 \times 100\%$$

净资产收益率变化趋势图的定义，操作如上述"图定义"操作，界面展示见图 5-34。

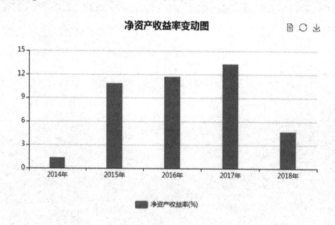

图 5-34　净资产收益率变动图结果预览

4. 成本费用利润率变化趋势图

成本费用利润率是指企业利润总额与成本费用总额之比，反映企业每付出 1 元成本费用所能获得的利润额，揭示企业生产经营过程中成本费用

投入与其盈利能力之间的关系。该项指标越高,反映企业的经济效益越好。其计算公式为

成本费用利润率 = 利润总额/成本费用总额×100%

成本费用利润率变化趋势图的定义,操作如上述"图定义"操作,界面展示见图5-35。

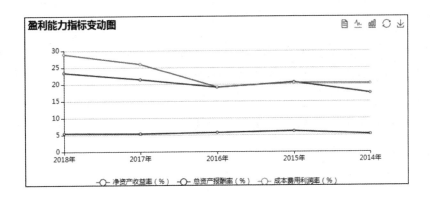

图 5-35　盈利能力指标变动图结果预览

5.3.3　盈利能力智能分析案例解析

我们分别以智泽华和深物业A两家企业为例,解析企业内部经营资产和对外长期投资的盈利能力,并进行对比分析。

案例一:内部经营资产和对外长期投资的盈利能力

智泽华和深物业A内部经营资产和对外长期投资的盈利能力见图5-36和图5-37。

图 5-36　智泽华盈利能力评价

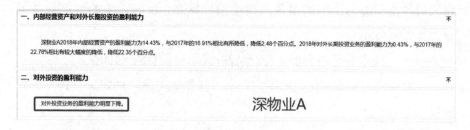

图 5-37 深物业 A 盈利能力评价

图 5-36 显示，智泽华 2018 年总体盈利能力有较大提升，但对外投资盈利能力未提升，且对外投资总额大幅提高，因此可以得出结论，对外投资业务的能力并没有提升。

图 5-37 显示，深物业 A 2018 年总体盈利能力下降，结合对外投资金额等进行分析，判断企业对外投资盈利能力下降。

案例二：内外部资产盈利能力比较

智泽华和深物业 A 内外部资产盈利能力比较分析及结果见图 5-38 和图 5-39。

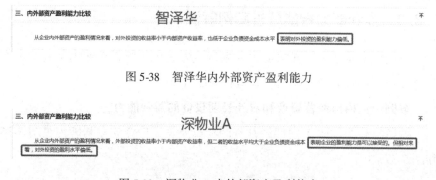

图 5-38 智泽华内外部资产盈利能力

图 5-39 深物业 A 内外部资产盈利能力

通过对比可以看到，智泽华与深物业 A 的外部投资收益率都低于内部资产收益率，且对外投资的盈利水平都偏低。但相对来说，深物业 A 两者收益水平均大于企业负债资金成本，智泽华则相反。

本章小结

盈利能力分析是财务分析的重要内容，它包括利润构成和经营业绩分析、成本费用分析、营业利润率分析、资产报酬率分析、指标收益率分析等内容。通过分析可以回答企业的实现利润是否稳定、企业的经营业务是否趋于改善、企业的管理费用和销售费用支出是否合理、企业的盈利水平可否接受等重大问题。

本章习题

名词解释

利润构成	盈利稳定性	利润质量
利润的层次	成本构成	销售费用合理性
管理费用合理性	营业净利率分析	经营业务盈利能力
资产报酬率的行业差异	资本收益能力	内外部资产盈利能力评价
实际利率水平		

简答题

1. 如何评价利润稳定性？
2. 如何评价利润质量？
3. 如何进行盈利水平评价？
4. 简述企业利润的主要层次及其关系。
5. 简述销售费用合理性评价的原理和方法。
6. 简述管理费用合理性评价的原理和方法。
7. 如何进行内外部资产盈利能力评价？
8. 如何计算实际利率水平？

第 6 章　现金流量智能分析

**学习目的**

1. 掌握现金流量结构智能分析内容和方法。
2. 掌握现金流量协调性智能分析内容和方法。
3. 掌握现金流量有效性智能分析内容和方法。
4. 掌握现金流量充足性智能分析内容和方法。

现金流量智能分析主要是从现金角度，自动对企业现金流量结构、财务状况、经营成果、还债能力、营运能力、盈利能力、发展能力进行评价，以揭示企业现金流量的协调性、有效性、充足性。

6.1 现金流量结构智能分析

6.1.1 现金流量结构智能分析的基本内容

现金流量结构智能分析包括现金流入结构、现金流出结构、现金流量稳定性、现金流量协调性等分析内容。

1. 现金流入结构分析

按照现金流量表的总体构成，现金流量流入分为经营活动现金流入、投资活动现金流入和筹资活动现金流入三大类。通过经营活动产生的现金流入，分析经营活动给企业创造现金的情况；通过投资活动产生的现金流入，分析投资活动给企业收回现金的情况；通过融资活动产生的现金流入，了解当期融资活动给企业带来的资金情况。企业处于不同发展阶段的现金流量特点见表6-1。

表6-1 企业不同发展阶段的现金流量特点

序号	发展阶段	现金流量特点
1	初创期	经营活动现金净流量为负；投资活动现金净流量为负；筹资活动现金净流量为正

(续)

序号	发展阶段	现金流量特点
2	成长期	经营活动现金净流量为正；投资活动现金净流量为负；筹资活动现金净流量为正
3	成熟期	经营活动现金净流量为正；投资活动现金净流量为正；筹资活动现金净流量为负
4	衰退期	经营活动现金净流量为负；投资活动现金净流量为正；筹资活动现金净流量为负

2. 现金流出结构分析

按照现金流量表的总体构成，现金流量流出分为经营活动现金流出、投资活动现金流出和筹资活动现金流出三大类。通过分析经营活动产生的现金流出，了解企业经营活动损失了多少现金；通过分析投资活动产生的现金流出分析，了解企业新增投资情况；通过分析融资活动产生的现金流出，了解企业当期融资活动减少企业现金情况。从现金角度分析企业现金流量的结构，主要有经营活动现金净流量占比、剩余现金可维持期限、筹资可维持期限和现金营运指数等指标，见表6-2。

表6-2 现金流量结构分析指标

序号	分析指标	计算公式	使用说明
1	经营活动现金净流量占比	经营活动现金净流量占比 = 经营活动现金净流量/全部现金及现金等价物当期净增加额	二者均为正时，占比越高现金流量越稳定
2	剩余现金可维持期限	剩余现金可维持期限 = 货币资金期末余额/经营活动现金净流量绝对值	在经营活动现金净流量为负情况下，判断企业剩余货币资金可以维持经营活动正常运转的期限，关注这一指标对于初创期企业比较重要
3	筹资可维持期限	筹资可维持期限 = 新筹集资金总额/经营活动现金净流量绝对值	在经营活动现金净流量为负、企业货币资金余额缺乏情况下，计算新增资金来源可以维持企业的期限，用于判断企业依靠外部筹资度过生存危机期的时间窗口
4	现金营运指数	现金营运指数 =（经营所得现金 - 营运资金需求增加额）/经营所得现金 其中，经营所得现金 = 经营净利润 + 非付现费用	经营活动现金净流量与从利润表计算的现金利润的比值，揭示现金净流入是否有利润的支持及利润的质量

3. 现金流量的稳定性分析

通过对现金流入和现金流入各项目进行分析，识别构成现金流入和现金流出的主要活动，从企业活动所导致的现金变动情况，判断企业现金流量的稳定性。

4. 现金流量的变动趋势分析

通过现金流量表分析企业现金流量情况，要从现金及现金等价物净额、经营活动产生的现金流量净额、投资活动产生的现金流量净额、筹资活动产生的现金流量净额4个指标的变动情况对企业活动进行观察。从这4个指标可以看出企业在一个报告期现金流量的变化，并揭示企业的支付能力是否改善及企业的资金来源是否增加。

6.1.2 现金流量结构智能分析应用技巧

1. 现金流入项目构成图和表的定义

案例一：现金流入结构图

在"图定义"界面"表类型"处选择"现金流量表"，双击选择"经营活动现金流入小计""投资活动现金流入小计""筹资活动现金流入小计"3项，"图类型"勾选"构成图"，见图6-1。现金流入构成图定义结果预览见图6-2。

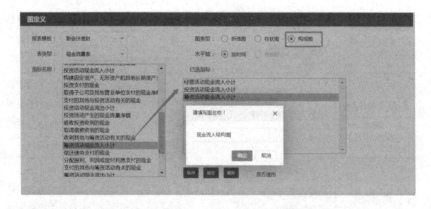

图6-1 现金流入结构图定义步骤

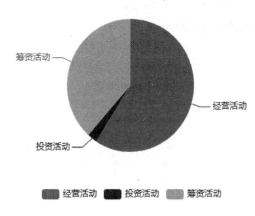

图 6-2 现金流入结构图预览

案例二：现金流入构成表

根据企业现金流量表总流入的构成，系统按照来源将其主要划分为营业收入、投资收回及资产变卖、新增投资、借款、投资活动收益、其他六大类。结果预览见图 6-3。

现金流入结构表

项目名称	2018年		2017年		2016年	
	数值	百分比(%)	数值	百分比(%)	数值	百分比(%)
现金流入总额	560,317.22	100.00	395,093.63	100.00	637,279.83	100.00
营业收入	320,474.35	57.20	278,646.1	70.53	424,750.65	66.65
投资收回、资产变卖	14,300.98	2.55	13,244.48	3.35	74,957.11	11.76
新增投资	0	0.00	0	0.00	0	0.00
借款	165,500	29.54	47,729.89	12.08	132,455.85	20.78
投资活动收益	4.07	0.00	66.57	0.02	3.11	0.00
其它	60,037.82	10.71	55,406.59	14.02	5,113.11	0.80

图 6-3 现金流入结构表预览

营业收入是指现金流入构成中形成营业收入的经营现金；投资收回及资产变卖是指因对外投资到期或变卖资产收回的现金；新增投资是指以发行股票等方式吸收的现金；借款是指向银行等金融机构贷款得到的现金；投资活动收益是指因对外投资分得的利息、股利、利润等投资性的收益而获得的现金；除以上5项外的现金流入纳入其他类。

2. 现金流出项目构成图和表的定义

案例一：现金流出构成图的定义

现金流出结构图的定义方式与现金流入构成图相同，结果预览见图6-4。

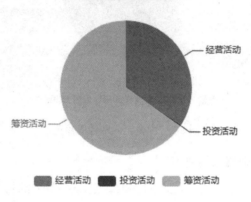

图6-4　现金流出结构图预览

案例二：现金流出结构表的定义

与现金流入的构成分类相似，系统将现金总流出按照用途进行划分，结果预览见图6-5。

现金流出结构表

项目名称	2018年		2017年		2016年	
	数值	百分比(%)	数值	百分比(%)	数值	百分比(%)
现金流出总额	495,502.53	100.00	371,245.98	100.00	540,203.12	100.00
购买原材料	105,017.73	21.19	129,714.24	34.94	186,093.37	34.45
工资性支出	15,004.85	3.03	11,209.88	3.02	8,776.82	1.62
税金	38,082.01	7.69	64,890.5	17.48	49,189.02	9.11
资产购置	1,790.05	0.36	179.23	0.05	76.12	0.01
对外投资	0	0.00	13,000	3.50	14,300	2.65
偿还债务	281,462.6	56.80	97,595.45	26.29	222,654.18	41.22
利润分配	42,277.52	8.53	47,042.74	12.67	43,994.38	8.14
其它	11,867.77	2.40	7,613.94	2.05	15,119.23	2.80

图6-5　现金流出结构表预览

3. 现金流量变化的图表定义

企业在编制现金流量表时，将现金流量划分为经营活动现金流量、投资活动现金流量和筹资活动现金流量 3 类。通过分析这 3 类活动产生的现金净额的变化及其形成的现金净流量（现金及现金等价物的净增加额）的变化情况，揭示企业的资金运动和经营成果。

案例一：现金流量变化表的定义

在"表定义"界面，通过双击将现金流量表下的"经营活动产生的现金流量净额""投资活动产生的现金流量净额""筹资活动产生的现金流量金额""现金及现金等价物净增加额"科目选至"已选指标"内，勾选"实际数"和"增长率"，完成现金流量变化表的定义，见图 6-6。现金流量变化表的结果展示见图 6-7。

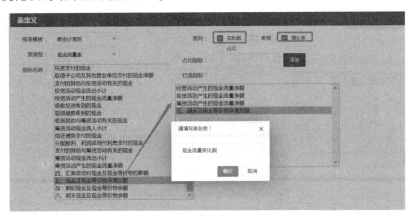

图 6-6　现金流量变化表定义步骤

项目名称	2018年		2017年		2016年	
	实际值	增长率(%)	实际值	增长率(%)	实际值	增长率(%)
五、现金及现金等价物净增加额	-265480.65	-160.66	437686.90	1172.49	34396.03	-82.42
经营活动产生的现金流量净额	585793.07	-10.13	651835.89	63.62	398392.88	17.58
投资活动产生的现金流量净额	-1099444.03	82.90	-601111.42	22.46	-490872.51	14.48
筹资活动产生的现金流量净额	247529.79	-36.10	387363.74	205.31	126875.67	-55.57

图 6-7　现金流量变化表预览

案例二：现金流量变化图定义

图的定义指标选择与现金流量变化表相同，在"图定义"界面操作见图6-8。

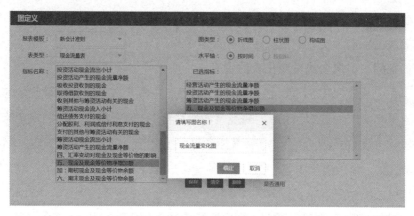

图6-8　现金流量变化图定义步骤

现金流量变化图定义结果预览见图6-9。

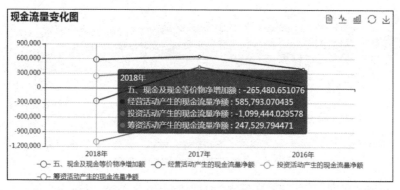

图6-9　现金流量变化图结果预览

6.1.3　现金流量结构智能分析的案例解析

现金流量的稳定性分析是指系统对企业现金流入和现金流出的主要构成项目进行对比分析，评价企业现金流的稳定性。

以深物业A和深振业A现金流量稳定性分析为例，查看两家企业现金流入和现金流出的构成情况。

深物业A与深振业A现金流量稳定性分析结果分别见图6-10和图6-11。

3.现金流动的稳定性

2018年，营业收到的现金有较大幅度增加，企业经营活动现金流入的稳定性提高。2018年，工资性支出有所增加，企业现金流出的刚性增加。2018年，最大的现金流入项目依次是：提供劳务收到的现金；处置子公司及其他经营单位收到的现金净额；收到其他与经营活动有关的现金；吸收投资收到的现金。最大的现金流出项目依次是：支付的各项税费；接受劳务支付的现金；支付给职工以及为职工支付的现金；利润或偿付利息支付的现金。

现金流入流出对比表

流入项目	数值(万元)	流出项目	数值(万元)
提供劳务收到的现金	269,197.8	支付的各项税费	73,161.68
处置子公司及其他经营单位收到的现金净额	7,990.17	接受劳务支付的现金	43,581.83
收到其他与经营活动有关的现金	5,418.06	支付给职工以及为职工支付的现金	36,250.87
吸收投资收到的现金	245	利润或偿付利息支付的现金	17,879.37
取得借款收到的现金	100	投资支付的现金	10,000

图 6-10　深物业 A 现金流量稳定性分析结论

3.现金流动的稳定性

2018年，营业收到的现金有较大幅度增加，企业经营活动现金流入的稳定性提高。2018年，工资性支出有较大幅度增加，现金流出的刚性明显增强。2018年，最大的现金流入项目依次是：提供劳务收到的现金；取得借款收到的现金；收回投资收到的现金；收到其他与经营活动有关的现金。最大的现金流出项目依次是：偿还债务支付的现金；接受劳务支付的现金；利润或偿付利息支付的现金；支付的各项税费。

现金流入流出对比表

流入项目	数值(万元)	流出项目	数值(万元)
提供劳务收到的现金	320,474.35	偿还债务支付的现金	281,462.6
取得借款收到的现金	165,500	接受劳务支付的现金	105,017.73
收回投资收到的现金	14,300.95	利润或偿付利息支付的现金	42,277.52
收到其他与经营活动有关的现金	10,127.82	支付的各项税费	38,082.01
取得投资收益收到的现金	4.07	支付给职工以及为职工支付的现金	15,004.85

图 6-11　深振业 A 现金流量稳定性分析结论

可以看出，系统对深物业 A 和深振业 A 现金流入和现金流出的各构成项目依次进行智能分析，然后按照项目数额大小排序，帮助企业了解现金流走向。

6.2　现金流量充足性智能分析

企业在销售量下降、利润下降甚至亏损的情况下，只要有充足的现金，就可以维持经营。企业现金流量的充足性分析，就是对企业现金流入能否保证和满足现金流出需要的分析,更确切地说是分析企业经营、投资和筹资活动所创造的现金流入能否满足企业经营、投资和筹资活动现金流出需要的能力。

6.2.1 现金流量充足性智能分析内容

1. 投资现金满足能力分析

投资现金满足能力主要是指企业满足固定资产投资（资本性支出）、流动资产投资（通常是指经营活动对资金的净需求,即营运资金需求的增加额）和股利支付的能力,评价指标主要有投资现金满足率、固定资产再投资率、折旧影响系数、现金自给率、资本性支出满足率、股利现金保障倍数以及现金再投资率,见表6-3。

表6-3 投资现金满足能力分析指标

序号	分析指标	计算公式	使用说明
1	投资现金满足率	投资现金满足率 = 经营活动产生的现金流量净额/投资活动产生的现金流量净额的绝对值×100%	企业投资活动需要现金投入,经营活动创造的现金对投资活动现金的满足程度
2	固定资产再投资率	固定资产再投资率 = 构建固定资产、无形资产和其他长期资产所支付的现金/经营活动产生的现金流量净额×100%	在投资活动现金净流量为负、经营活动现金净流量为正的情况下,计算投资活动支出占比才有意义
3	折旧影响系数	折旧影响系数 =（固定资产折旧 + 无形资产摊销）/经营活动产生的现金流量净额×100%	一般介于0~1之间,比值越高说明折旧、摊销的贡献越大；比值超过1说明经营活动已经占用了一部分折旧、摊销资金；小于0说明经营活动亏损,说明已将折旧摊销提留资金也亏损掉了
4	现金自给率	现金自给率 = 连续3~5年经营活动现金净流量之和/连续3~5年投资、存货增加与支付股利之和	揭示依靠企业自身经营活动创造的现金满足企业发展各个环节资金需求的能力,一般在初创期和成长期,该指标小于1,在成熟期大于1

(续)

序号	分析指标	计算公式	使用说明
5	资本性支出满足率	资本性支出满足率 = 经营活动现金净流量/资本性支出	用来揭示经营活动创造的现金对资本性支出的满足程度
6	股利现金保障	股利现金保障倍数 = 经营活动产生的现金流量净额/分配利润所支付的现金	揭示经营活动创造的现金对发放股利的保障程度
7	现金再投资率	现金再投资率 =（经营活动产生的现金流量净额 – 现金股利）/（购建固定资产等长期性投资活动支付的现金 + 营运资金需求的增加额）	揭示对经营活动创造的现金对投资扩张和经营扩张资金需求的满足程度

2. 偿债现金满足能力分析

由于企业的债务均需要用现金来偿还，因此从现金流量的角度对企业的偿债能力进行分析，要比从资产负债角度和利润角度对企业的偿债能力的分析更加准确可靠。从现金角度分析企业的偿债能力，一般是用企业现金净流量或经营活动创造的现金净流量与企业的负债之比来反映。但由于现金净流量受一些偶然变化因素的影响较大，同时企业的负债数据也是一个时点数据，因此在用现金来进行偿债能力分析时需要格外小心，注意数据的局限性。偿还债务能力的评价指标有现金流量负债比、经营现金还债期、债务实际偿还期、现金到期债务比、现金债务覆盖率指标，见表6-4。

表6-4 现金还债能力的分析指标

序号	分析指标	计算公式	使用说明
1	现金流量负债比	现金流量负债比 = 现金及现金等价物余额/流动负债	揭示用企业剩余现金偿还流动负债的比例。该指标一般用于在恶劣情况下企业的还债压力测试，一般希望大于30%
2	经营现金流还债期	经营现金流还债期 = 有息负债合计/经营活动现金净流量	揭示用经营活动创造的现金偿还有息负债所需要的期限，一般认为不要超过5年。该指标分子分母颠倒过来，就是现金债务总额比

(续)

序号	分析指标	计算公式	使用说明
3	债务实际偿还期	债务实际偿还期 = 有息债务合计/当年偿还债务所支付的现金	说明按照当期债务的偿还速度所需要的还债时间,可和经营现金还债期比较,看实际还债期是快于经营还债期还是慢于经营现金还债期
4	现金到期债务比	现金到期债务比 = 经营活动现金净流量/当期偿还债务支付的现金	说明当期债务是否完全能够由经营活动创造的现金偿还,大于1则表示有能力完全偿还,小于1则表示依靠部分其他资金偿还了债务
5	现金债务覆盖率	现金债务覆盖率 = 经营活动现金流入合计/ 负债总额	揭示由经营业务规模决定的企业偿债能力的大小

6.2.2 现金流量充足性智能分析应用技巧

现金偿债能力指标包括现金流量负债比、经营偿债能力、现金流量资产比、经营还债期、债务偿还率等。

在"表定义"界面"常用指标"中依次双击选择"现金偿债能力指标"下的现金偿还能力各指标,勾选属性"实际数",见图6-12。结果预览见图6-13。

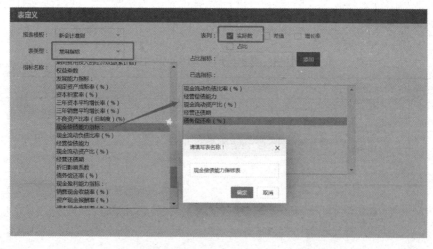

图6-12 现金偿债能力指标表定义步骤

现金偿债能力指标			
项目名称	2018年	2017年	2016年
现金流动负债比	0.23	0.29	0.29
经营偿债能力	0.09	0.12	0.1
现金流动资产比	0.54	0.73	0.7
经营还债期	7.75	4.7	7.17
债务偿还率	0.31	0.2	0.13

图 6-13　现金偿债能力指标表结果预览

6.2.3　现金流量充足性智能分析的案例解析

现金流量充足性智能分析主要是从经营活动创造的现金来满足投资和筹资活动资金需求的角度，来考察企业现金流量的充足性。系统通过分析计算现金流量负债比、经营偿债能力、现金流量资产比、经营还债期、债务偿还率等指标，对企业的现金流量充足性进行评价。

智泽华 2018 年现金流量结构智能分析见图 6-14。

六、现金流量的充足性评价

从当期经营活动创造的现金流量来看，企业依靠经营活动创造的现金来偿还有息债务约需要7.75年，当前企业债务偿还率为31.25%，如果按照本期债务偿还速度，则债偿期为3.20年。从近三年情况来看，企业经营活动创造的现金流量不能满足企业资本性投资、存货投资与现金股利支付的需要，这些支出的满足还需要依靠外部融资解决。

现金偿债能力指标			
项目名称	2018年	2017年	2016年
现金流动负债比	0.23	0.29	0.29
经营偿债能力	0.09	0.12	0.1
现金流动资产比	0.54	0.73	0.7
经营还债期	7.75	4.7	7.17
债务偿还率	0.31	0.2	0.13

图 6-14　智泽华 2018 年现金流量充足性评价

6.3　现金流量有效性智能分析

6.3.1　现金流量有效性智能分析内容

现金流量的有效性可以从利润含金量、现金周转速度、现金盈利能力3 个角度来分析，见表 6-5。从现金角度分析经营成果的指标有销售收现率、营业利润含金量、净利润含金量、投资现金收益率、新增流动资产含金量。从现金角度分析企业营运能力的指标有现金周转次数、流动资产现金周转次数。从现金角度评价盈利能力的指标有销售净现率、资产现金报酬率、资本现金收益率、每股经营现金净流量。

表6-5　现金流量有效性分析指标

序号	分析指标	使用说明
1	销售净现率	也称销售收入含金量，指现金销售收入与销售收入之比。大于1说明当期收回的现金大于当期收入，表示收回了以前年度的收入；小于1表示当期收回现金小于当期营业收入，表示其余现金需要以后时期收回
2	营业利润含金量	指经营活动现金净流量与营业利润之比，说明营业利润中有多少已经转化为现金利润
3	净利润含金量	也称盈余现金保障倍数，指经营活动现金净流量与净利润（包括少数股东损益）之比，揭示净利润中经营创造的现金的比例
4	投资现金收益率	指分配股利所收到的现金与投资收益之比，揭示投资收益中有多大比例是现金收益
5	新增流动资产含金量	指当期现金增加额与流动资产增加额之比，揭示流动资产增加额中有多少来自于现金的增加
6	现金周转次数	指现金收入与平均现金余额之比，揭示企业现金周转的快慢
7	流动资产现金周转次数	指现金收入与平均流动资产之比，揭示企业流动资产转化为现金的速度
8	销售现金利润率	也称销售现金收益率，指经营活动现金净流量与营业收入之比，揭示营业收入创造的现金转化为现金利润的能力
9	资产现金报酬率	也称资产净现率，指经营活动现金净流量和平均总资产之比，揭示资产的创造现金利润的能力
10	资本现金收益率	指经营活动现金净流量与平均所有者权益之比，揭示净资产的现金收益率
11	每股经营现金净流量	指经营现金净流量与普通股股票数量之比，揭示普通股每股的现金收益大小

6.3.2　现金流量有效性智能分析应用技巧

1. 现金盈利能力指标变化趋势表和变化趋势图

案例一：现金盈利能力指标表的定义

通过"表定义"界面功能定义现金盈利能力指标，见图6-15。结果预览见图6-16。

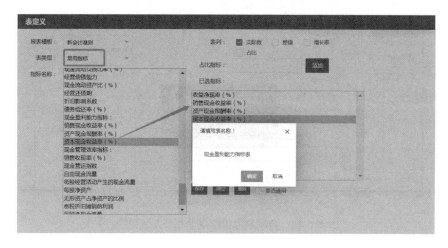

图 6-15　定义表

项目名称	2018年	2017年	2016年
销售现金收益率	0.39	0.59	0.42
资产现金报酬率	-0.02	0.05	0
收益净现率	1.24	1.52	1.08
资本现金收益率	-0.06	0.1	0.01

图 6-16　自定义表预览

案例二：现金盈利能力指标变化趋势图的定义

通过"定义图"界面功能定义现金盈利能力指标变化图趋势，见图 6-17。现金盈利能力指标变化趋势图结果预览见图 6-18。

图 6-17　图定义

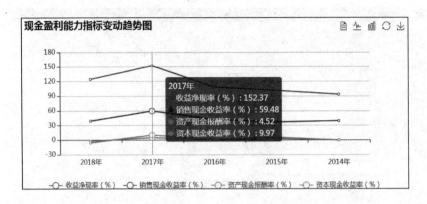

图 6-18 盈利能力指标变动趋势图预览

2. 销售收现率变化趋势图

销售收现率是现金流量表中销售商品、提供劳务所取得的现金与营业收入的比，反映当期销售收入中现金的回收比例，公式为

销售收现率 = 销售商品或提供劳务收到的现金/营业收入 × 100%

进入"图定义"界面，在"表类型"中选择"常用指标"，双击"销售收现率"至右侧已选指标框内，"图类型"选择"柱状图"，见图6-19。

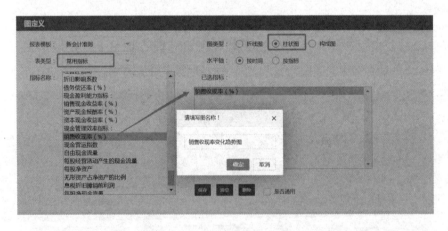

图 6-19 图定义

在"图表展现"界面，查看已定义的"销售收现率变化趋势图"，结果预览见图6-20。

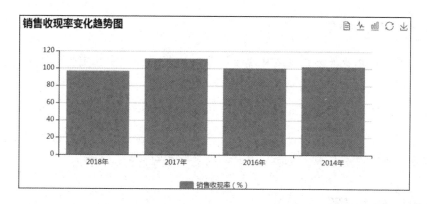

图 6-20　销售收现率变化趋势图预览

6.3.3　现金流量有效性智能分析的案例解析

系统通过分析计算销售现金收益率、资产现金报酬率、收益净现率、资本现金收益率等指标，对企业的现金流量充足性进行评价。

2018 年智泽华现金流量有效性智能分析见图 6-21。

七、现金流动的有效性评价

从经营活动现金净流量来看，在营业收入中，现金利润占营业收入的 39.05%。表明企业经营活动创造现金的能力很强，"造血"功能很强。2018 年销售现金收益率为 39.05%，与 2017 年的 59.48% 相比有较大幅度的降低，降低 20.42 个百分点。经营活动的"造血"功能趋于降低。2018 年资产现金报酬率为 -2.39%，2017 年为 4.51%。从变化情况来看，企业 2018 年总资产净现率有较大幅度的下降。

现金盈利能力指标

项目名称	2018年	2017年	2016年
销售现金收益率	0.39	0.59	0.42
资产现金报酬率	-0.02	0.05	0
收益净现率	1.24	1.52	1.08
资本现金收益率	-0.06	0.1	0.01

从经营活动现金流入情况来看，智泽华 2018 年销售活动回收现金的能力很强，销售含金量很高。2018 年销售收现率为 96.65%，与 2017 年的 111.18% 相比有较大幅度的降低，降低 14.52 个百分点。从变化情况来看，企业 2018 年的销售收现能力有较大幅度的下降。

图 6-21　现金流量有效性智能分析报告内容预览

 **本章小结**

现金流量智能分析主要从现金流量结构、现金流量稳定性、现金流量充足性、现金流量协调性、现金流量有效性进行分析，对现金流量结构、刚性、协调性、投资保障程度、还债保障程度等作出判断，得出企业从现金角度来看是否健康运行的结论。它是从资产负债表和利润表角度对企业运营情况、运营效率、运营协调性、运营保障程度的一个评价。

 **本章习题**

名词解释

现金流入结构　　　现金流量结构　　　现金流量刚性

现金流量稳定性　　现金流量协调性　　现金流量充足性

投资现金满足能力　偿债现金满足能力　现金流量有效性

利润含金量　　　　现金盈利能力　　　现金流量变动监测

简答题

1. 如何智能评价现金流量协调性？
2. 如何智能评价现金流量的充足性？
3. 如何智能分析现金流量的有效性？
4. 如何进行现金流量的结构分析？

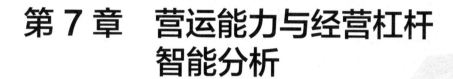

第 7 章　营运能力与经营杠杆智能分析

 **学习目的**

1. 掌握和理解营运能力智能分析的内容。
2. 掌握和理解周转速度分析的方法和指标。
3. 掌握和理解资金需求分析的指标和原理。
4. 掌握和理解经营协调分析的指标和原理。

企业资产只有使用起来才能产生效益。营运能力简单地说就是企业运用资产创造收入的能力;更全面地看,就是使用出资人资金扩大资产规模,不断创造收入,努力实现利润,以回报股东和其他利益主体的能力。从这个定义来看,企业的营运能力涉及资金使用、收入创造、利润获取和利润分配等重要经营管理活动和决策活动,因此是企业经营管理能力和决策能力的综合反映。对营运能力的分析是对企业经营管理能力和决策水平的分析。

 营运能力智能分析

营运能力智能分析主要是对资产和负债项目周转天数变化的分析,即对存货周转天数、应收账款周转天数、应付账款周转天数等反映企业资产营运效率与效益的指标进行计算、分析和评价,为企业提高经济效益指明方向。

7.1.1 营运能力智能分析的基本内容

营运能力是用企业资产创造收入和利润的能力,一般通过现有资产的周转速度、利用他人资产的能力及对资产结构的优化能力反映。我们用总资产周转率、存货周转率、应收账款周转率、营业周期等指标来揭示企业资产的周转速度(表7-1)。

表 7-1 周转速度分析指标

序号	分析指标	使用说明
1	存货周转率	考虑因担心缺货、涨价而有意储备的情况，企业资产结构调整产生不可比的情况，销售形势恶化周转放慢的情况，管理水平下降或产供销体系失灵的情况
2	应收账款周转率	一旦形成，企业难以控制，应收账款难以收回对企业的负面影响大于存货周转失灵
3	营业周期	揭示企业经营活动的内在规律，行业与经营模式的差异明显
4	应付账款周转率	经营形势恶化，被动拖欠；市场地位提高迫使供应商给予延期付款优惠；管理不善
5	现金周转期	缩短时资金趋于富裕；延长时资金趋于紧张
6	流动资产周转率	是一个综合性指标，它由存货周转天数、应收账款周转天数、其他资产周转天数共同决定
7	固定资产周转率	更容易反映同一行业不同企业之间的差异；可结合固定资产增长率、更新率等分析
8	固定资产结构调整	可用固定资产增长率、更新率、报废率、损失率、净值率揭示
9	总资产周转率	主要取决于流动资产周转速度和流动资产占总资产的比例

由于资产的有效使用还涉及对未使用、不需要的资产的处理，因此在计算和判断时对不能直接使用的资产、投入到企业外部使用的资产、未投入使用的资产、正在使用的资产、内部经营资产等指标，可以通过资产的这种重分类来优化，见表 7-2。

表 7-2 资产结构分类优化指标

序号	分析指标	构成项目
1	不能直接使用的资产	包括其他应收账款、固定资产清理、无形资产、商誉、研究开发费用、长期待摊费用、递延所得税资产
2	投入到企业外部使用的资产	包括预付款项、应收账款、应收利息、应收股利、持有至到期投资、长期股权投资
3	未投入使用的资产	包括在建工程和工程物资

（续）

序号	分析指标	构成项目
4	正在使用的资产	包括货币资金、应收票据、交易性金融资产、存货、可供出售金融资产、固定资产、生产性生物资产、油田资产、投资性房地产
5	内部经营资产	货币资金、应收票据、存货、固定资产、生存性生物资产、油气资产
6	不良资产	待处理资产净损失、未结转亏损挂账、长期待摊费用、研发费用、3年以上应收账款、长期积压物资、不良长期投资、未使用和不需要的固定资产
7	不良资产率	是不良资产占资产总额的比例，越低越好，一般不应当超过2%

7.1.2 营运能力智能分析的应用技巧

1. 存货周转天数变化趋势图的定义

应收账款周转天数、应付账款周转天数、总资产周转天数等指标与存货周转天数变化趋势图定义方式相同。

单击"图定义"按钮进入"图定义"界面，在"表类型"下拉菜单中选择"常用指标"，在营运能力指标分类中，双击"存货周转天数"按钮将其选至"已选指标"框内。图类型勾选"柱状图"，单击"保存"按钮完成定义，见图7-1。结果预览见图7-2。

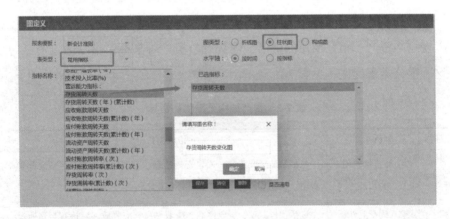

图7-1 存货周转天数变化趋势图定义

图 7-2　存货周转天数变化趋势图预览

2. 现金周期及构成变化趋势图的定义

现金周期由应收账款周转天数、存货周转天数、应付账款周转天数 3 项指标构成。在"常用指标"内选择这 3 项指标，图类型勾选"折线图"，便于观察三者变动趋势，见图 7-3。现金周期构成变化趋势图结果预览见图 7-4。

3. 营运能力指标表的定义

利用"表定义"功能定义营运能力指标表。"表类型"选择"常用指标"，双击将营运能力指标选至右侧"已选指标"框内，"表列"勾选"实际数"，见图 7-5。定义好的指标表在"图表展现"界面查看，结果预览见图 7-6。

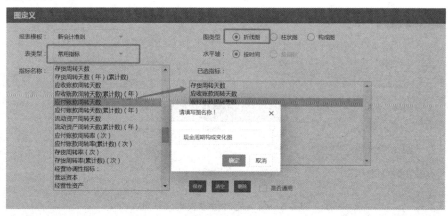

图 7-3　现金周期构成变化图定义

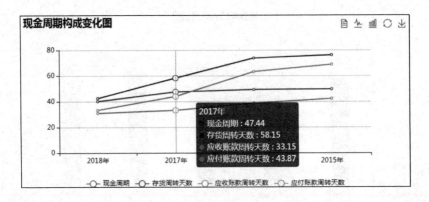

图 7-4　现金周期构成变化图预览

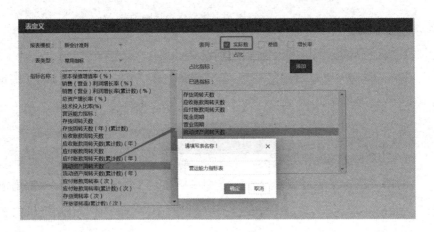

图 7-5　营运能力指标表定义

项目名称	2018年	2017年	2016年	2015年
	实际值	实际值	实际值	实际值
现金周期	40.01	47.44	49.21	49.58
营业周期	75.59	102.02	136.76	144.76
存货周转天数	42.38	58.15	73.67	76.09
应收账款周转天数	30.83	33.15	38.63	42.16
应付账款周转天数	33.21	43.87	63.09	68.67
流动资产周转天数	158.96	186.17	212.53	229.17

图 7-6　营运能力指标表定义预览

7.1.3　营运能力智能分析案例解析

案例一：存货周转天数变化及原因分析

加速存货周转、缩短存货周转天数，能够大幅提高存货占比较大的企业的盈利能力，改善企业的资金状况。加速存货周转，就是要缩短存货在生产经营环节的停留时间，加速存货的销售。

从存货周转天数的公式可以看出，存货周转的变化与存货和收入指标相关，系统从存货和收入两个指标对存货周转天数的变化原因进行分析。2018 年万科 A 存货周转天数变化见图 7-7。

1.存货周转天数

万科A2018年存货周转天数为1304.16天，2017年为1198.03天，2018年比2017年延长106.13天。

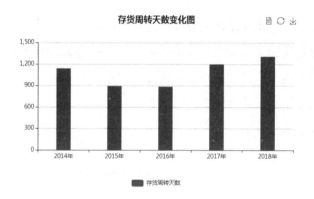

2.存货周转天数变化原因

2018年存货周转天数比2017年延长的主要原因是：2018年平均存货为67,419,514.25万元，与2017年的53,272,449.69万元相比有较大增长，增长26.56%。2018年营业成本为18,610,422.42万元，与2017年的16,007,991.59万元相比有较大增长，增长16.26%。平均存货增长速度快于营业成本的增长速度，致使存货周转天数延长。存货相对水平增加，产供销体系的效率下降。

图 7-7　万科 A 存货周转情况分析

案例二：应收账款周转天数变化及原因分析

从应收账款周转天数的公式可以看出，应收账款的周转与应收账款和收入两个指标相关。系统从这两个指标出发，对应收账款周转天数的变化原因进行分析，见图 7-8。

3.应收账款周转天数变化情况

万科A2018年应收账款周转天数为1.83天，2017年为2.60天，2018年比2017年缩短0.77天。

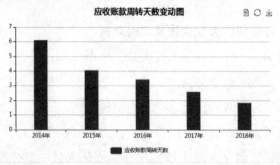

4.应收账款周转天数变化原因

2018年应收账款周转天数比2017年缩短的主要原因是：2018年平均应收账款为150,945.74万元，与2017年的175,399.54万元相比有较大幅度下降，下降13.94%。2018年营业收入为29,767,933.11万元，与2017年的24,289,711.03万元相比有较大增长，增长22.55%。平均应收账款下降，但营业收入增长，致使应收账款周转天数缩短。企业在加速应收账款周转的同时，盈利水平提高。

图 7-8　应收账款周转情况分析

案例三：应付账款周转天数变化及原因分析

从应付账款周转天数的公式可以看出，应付账款周转天数的变化与应付账款及成本两个指标相关。系统通过应付账款与成本两项目对应付账款周转天数的变化原因进行分析，见图7-9。

5.应付账款周转天数变化情况

万科A2018年应付账款周转天数为167.75天，2017年为350.25天，2018年比2017年缩短182.50天。

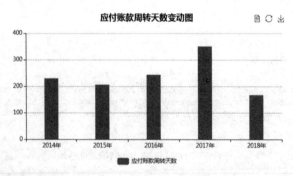

6.应付账款周转天数变化原因

2018年应付账款周转天数比2017年缩短的主要原因是：2018年应付账款为8,671,970.14万元，与2017年的15,574,348.26万元相比有较大幅度下降，下降44.32%。2018年营业成本为18,610,422.42万元，与2017年的16,007,991.59万元相比有较大增长，增长16.26%。应付账款下降，但营业成本增长，致使应付账款周转天数缩短。

图 7-9　应付账款周转情况分析

案例四：现金周期和营业周期的评价

现金周转期揭示了应收账款、应付账款和存货三者之间的相互作用与影响的最终结果，系统对企业现金周期和营业周期的变化情况进行分析，见图7-10。

7.现金周期

万科A2018年现金周转天数为1138.24天，2017年为850.38天，2018年比2017年延长287.85天。

8.营业周期

万科A2018年营业周期为1305.99天，2017年为1200.63天，2018年比2017年延长105.36天。

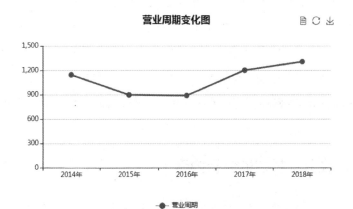

营业周期变化图

营运能力指标表

项目名称	2018年	2017年	2016年
存货周转天数	1,304.16	1,198.03	885.97
应收账款周转天数	1.83	2.6	3.43
应付账款周转天数	167.75	350.25	243.36
营业周期	1,305.99	1,200.63	889.4

9.营业周期结论

从存货、应收账款、应付账款三者占用资金数量及其周转速度的关系来看，企业经营活动的资金占用增加，营运能力下降。

图7-10　现金周期和营业周期的评价结果

7.2 经营杠杆智能分析

经营杠杆是指企业利用权益资金撬动他人资金投入到企业，以扩大企业的资产规模和经营实力。企业所能利用的杠杆效应主要表现在以下两个方面：一是企业依靠自有资本带动银行等债权人将资金投入到企业的能力，我们将其称为负债扩张能力；二是企业在资产规模一定的情况下，通过增加销售收入来提高边际利润、创造更多利润的能力，我们将其称为经营扩展能力。负债杠杆实际上是指企业在资产利润率高于负债利息率的情况下，通过增加负债、扩大规模来提高利润的能力；经营杠杆实际上是指在资产投入确定情况下，通过扩大销售收入来提高利润的能力。前者是资产规模的扩张，后者是销售收入的扩张，两种类型扩张的目的均是为企业创造更多的利润。显然，只有在企业经营业务盈利的情况下，这种扩张才有意义。

7.2.1 经营杠杆智能分析内容

企业利用他人资金谋求发展的能力，实际上涉及企业利用杠杆效应的扩张能力和由此所带来的财务风险和经营风险的控制问题。有关负债扩张和风险的情况，我们使用财务杠杆系数、临界销售收入、筹资无差别点销售收入等指标揭示，有关扩大销售收入、控制经营风险的能力，主要通过边际利润、企业盈亏平衡点销售收入、达到目标利润的销售收入、营业安全水平、经营杠杆系数等指标来反映，具体见表7-3。

表7-3 经营杠杆分析指标

序号	分析指标	计算公式	使用说明
1	权益乘数	权益乘数＝资产总额/所有者权益总额＝1/（1－资产负债率）	在盈利情况下增加负债创造利润的能力；在亏损情况下权益乘数越高，带来的亏损越多

(续)

序号	分析指标	计算公式	使用说明
2	财务杠杆系数	财务杠杆系数 =（1 + 有息负债/所有者权益）×（1 - 利息/息税前利润）	揭示增加负债是否可行：小于 0 负债经营会带来亏损；大于 1 负债经营会增加盈利；在 0～1 之间，负债经营会降低盈利水平
3	临界销售收入	临界销售收入 = 利息支出/（1 - 销售成本率 - 销售税金率）	揭示在负债情况下实现盈亏平衡时的最低应当实现的销售收入
4	筹资无差别点销售收入	筹资无差别点销售收入 = 借款利息×（权益资金 + 付息借款合计）/（1 - 销售成本率 - 销售税率）	揭示给出资人带来和债权人利率一样高的盈利率时应当实现的销售收入
5	边际利润	边际利润 = 销售收入 - 变动成本	在有边际利润情况下企业才继续扩大销售；边际利润为负意味着企业不能弥补变动成本
6	企业盈亏平衡点销售收入	企业盈亏平衡点销售收入 =（计算期企业销售收入×计算期企业固定成本合计）/（计算期企业销售收入 - 计算期企业变动成本合计）	揭示全部弥补公司成本费用时需要实现的最低收入；根据不同的情况可以用产量、日期、金额等不同指标来观察盈亏平衡点
7	实现目标利润的销售收入	实现目标利润的销售收入 =（计算期企业固定成本合计 + 目标利润）×销售单价/（计算期企业销售收入 - 计算期企业变动成本合计）	揭示实现目标利润应当实现的销售收入
8	营业安全水平	营业安全水平 =（报告期销售额 - 盈亏分界点销售额）/报告期销售额	反映企业销售收入超过盈亏平衡点收入的幅度；揭示经营业务的安全水平
9	经营杠杆系数	经营杠杆系数 =（息税前利润 + 固定费用）/息税前利润	揭示固定成本相对于变动成本的比例大小；杠杆系数较高说明收入和成本波动对盈利的影响较大；较低说明固定成本占比较大，收入和成本波动对盈利的影响较小

7.2.2 经营杠杆智能分析应用技巧

1. 经营风险指标表的定义

对经营风险指标表的定义是通过"表定义"功能来实现的，结果展示见图7-11。

经营风险指标表

项目名称	2018年 数值	增长率(%)	2017年 数值	增长率(%)	2016年 数值	增长率(%)
盈亏平衡点	5,456,146.96	73.08	3,152,442.81	35.97	2,318,403.45	-19.03
营业安全率	-0.18	-1,824.82	-0.01	93.31	-0.14	74.47
经营风险系数	4.42	212.16	1.42	-91.59	16.86	1,133.21
财务风险系数	1.36	-23.97	1.79	286.7	0.46	-85.19

图7-11 经营风险指标表定义

2. 经营杠杆智能分析报告的定义和生成

通过"建立报告模板"实现经营风险分析报告，见图7-12。

万科A2018年经营风险报告

一、经营风险分析

1. 经营风险

万科A2018年盈亏平衡点的营业收入为815.17亿元，表示当企业该期营业收入超过这一数值时企业会有盈利，低于这一数值时企业会亏损。营业安全水平为72.62%，表示企业当期营业务收入下降只要不超过2,161.62亿元，企业仍然会有盈利。从营业安全水平来看，企业承受销售下降打击的能力较强，经营业务的安全水平较高。

2. 财务风险

从资本结构和资金成本来看，万科A2018年的带息负债为2,488.7亿元，实际借款利率水平为2.41%，企业的财务风险系数为1.89。

经营风险指标表

项目名称	2016年	2017年	2018年
盈亏平衡点的营业收入	668.49	662.26	815.17
营业安全率	-0.72	-0.73	-0.73
经营风险系数	-1.29	-1.28	-1.28
财务风险系数	-1.75	-1.96	-1.89

图7-12 经营风险分析报告

7.2.3 经营杠杆智能分析案例解析

以智泽华和深康佳A两家企业2018年经营风险的对比为例，解析经营风险分析。两家企业对比情况见图 7-13 和图 7-14。

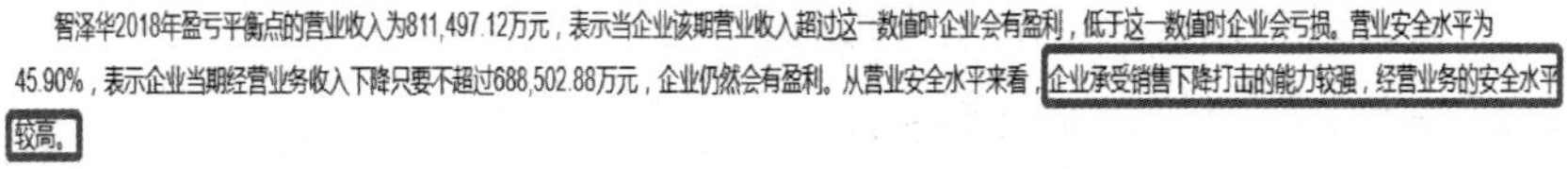

智泽华2018年盈亏平衡点的营业收入为811,497.12万元，表示当企业该期营业收入超过这一数值时企业会有盈利，低于这一数值时企业会亏损。营业安全水平为45.90%，表示企业当期经营业务收入下降只要不超过688,502.88万元，企业仍然会有盈利。从营业安全水平来看，企业承受销售下降打击的能力较强，经营业务的安全水平较高。

图 7-13　智泽华经营杠杆分析

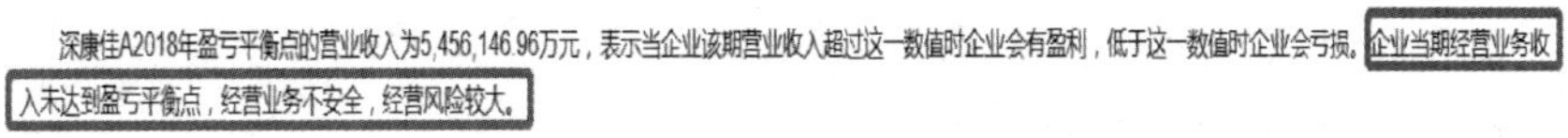

深康佳A2018年盈亏平衡点的营业收入为5,456,146.96万元，表示当企业该期营业收入超过这一数值时企业会有盈利，低于这一数值时企业会亏损。企业当期经营业务收入未达到盈亏平衡点，经营业务不安全，经营风险较大。

图 7-14　深康佳 A 经营杠杆分析

由图 7-13 和图 7-14 可知，2018 年智泽华营业收入 1 500 000 万元，高于盈亏平衡点的营业收入，表示当期盈利。结合营业安全水平来看，企业承受销售收入下降打击的能力较强。而深康佳 A 2018 年营业收入 4 612 679.734 万元，低于盈亏平衡点的销售收入，表明企业的经营业务不安全，经营风险较大。

本章小结

营运能力是企业动用资产和负债创造收入和利润的能力，这种能力可以通过企业资产的周转速度、企业资产的盈利水平、企业的资金结构和企业财务状况的改善或者恶化体现出来。运营能力分析还包括利用杠杆效应扩大企业经营规模的能力。运营能力智能分析就是对周转速度、杠杆扩展能力的分析。

本章习题

名词解释

周转速度分析	资产结构分类优化	不能直接使用资产
未投入使用的资产	投入到企业外部使用的资产	正在使用的资产
内部经营资产	不良资产	现金周期
营业周期	存货周转天数	杠杆扩展能力
负债扩展能力	经营扩展能力	

简答题

1. 如何进行周转速度智能分析?
2. 如何进行存货周转效率评价?
3. 如何进行应收账款周转效率评价?
4. 如何进行资产结构分类优化?
5. 如何利于财务杠杆扩展?
6. 如何利于经营杠杆扩展?
7. 如何评价企业的经营扩展风险?
8. 如何评价企业的负债扩张风险?

第 8 章 发展能力智能分析

学习目的

1. 掌握自我发展能力评价指标和方法。
2. 掌握挖掘企业发展潜力的评价方法。
3. 掌握杠杆扩张能力评价方法。

企业可以依靠自我积累资金，也可以通过挖掘内部发展潜力，还可以通过使用企业资产来撬动外部资金投入谋求发展。发展能力智能分析就是依靠智能财务分析系统对相关指标进行分析，得出客观的、没有人为干扰的分析意见。这些意见包括企业积累的、可以用来投资发展又对企业经营活动不会带来负面影响的资金是多少，企业通过加速周转等挖掘发展潜力能够带来多少发展资金，企业依靠经营杠杆和财务杠杆能否获得更快的发展。

8.1 自我发展能力智能分析

8.1.1 自我发展分析指标

自我发展分析指标揭示企业依靠利润积累和资金提留获取发展的能力，可以使用可动用资金总额、可动用现金总额、可持续增长率3个指标，见表8-1。

表8-1 自我发展分析指标

序号	指标名称	计算公式	使用说明
1	可动用资金总额	可动用资金总额 = 净利润 + 非付现成本 - 当期新增营运资金需求 其中，非付现成本 = 折旧 + 摊销 + 递延税款净增加	揭示企业经过一定时期经营所创造的、可用来投资发展的资金数额；在没有外部资金来源的情况下，投资超过这一数额，就会占用正常经营活动正在使用的资金

(续)

序号	指标名称	计算公式	使用说明
2	可动用现金总额	可动用现金总额 = 可动用资金总额 + 资产减值损失 + 信用减值损失 + 公允价值变动损益 − 以权益法计算的投资收益 − 汇率变动损益	是剔除资产价格变动、未收到现金投资收益、汇率变动影响之后的可动用资金总额，是更接近于企业实际所积累的、可用于投资发展的现金
3	可持续增长率	可持续增长率 = 销售净利率 × 总资产周转率 × 权益乘数 × 留存收益率 其中，权益乘数 = 期末资产总额/期初所有者权益，其余指标均为期末数	是依靠企业自身力量，保持企业经营业务平稳发展的增长速度，超过这一速度，就会出现某个方面的问题，如还债困难、资金紧张、利润下降或周转放慢等

8.1.2 自我发展能力智能分析应用技巧

（1）自我发展能力智能分析报告通过"建立报告模板"实现。从"分析报告"模型中通过"右移"按钮将"可动用资金总额"整体移动至左侧"新建模型"框内，见图8-1。

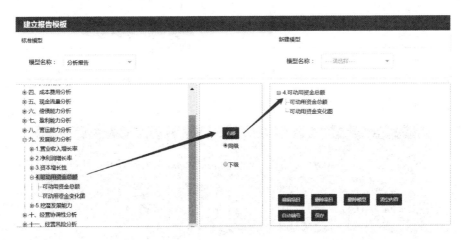

图 8-1 自定义报告模型选择

（2）单击选中标题，通过"编辑项目"按钮重新编辑标题名称，见图 8-2。

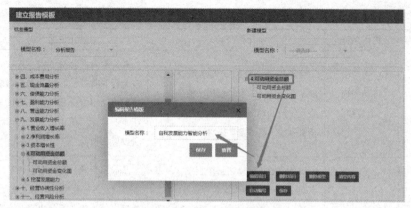

图 8-2　项目标题编辑

（3）单击"自动编号"按钮对报告标题进行重新编号，见图 8-3。

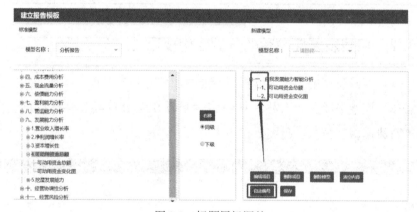

图 8-3　标题层级调整

（4）单击"保存"按钮，输入报告名称，完成报告自定义，见图 8-4。

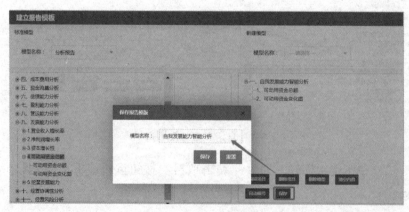

图 8-4　报告名称编辑

（5）自我发展能力智能分析报告的生成，通过"自定义分析报告"实现。2018年智泽华自我发展能力智能分析报告见图8-5。

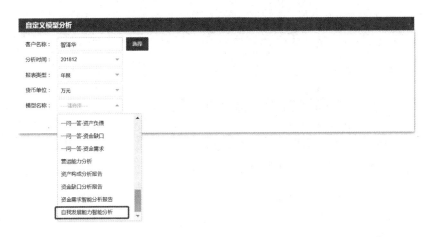

图 8-5　自我发展能力智能分析报告生成

8.1.3　自我发展能力智能分析案例解析

自我发展能力智能分析报告的结果展示见图8-6。系统得出的可动用资金总额，实际上是通过利润表和资产负债表计算的经营活动产生的现金流量，是可以用来还债，也可以用来投资发展的现金流。在没有外部资金来源的情况下，可动用资金总额是判断企业的投资发展活动是否会占用经营业务活动资金的临界值。

图 8-6　自我发展能力智能分析内容预览

 挖掘发展潜力能力分析

在许多情况下，受市场环境、产品结构、管理水平等各方面影响，企业并非处于可持续发展状态。掌握企业发展状态，采取恰当的发展策略，挖掘企业的发展潜力，企业就能够获得可持续发展。企业可以通过3个方面挖掘发展潜力：一是抓住机遇、扩大销售，创造新的发展空间；二是加强管理、加速资产周转，在资产规模不增加的情况下创造更多的收入或节约更多的资金；三是努力调整成本结构，促使企业成本费用支出合理化，提高企业盈利水平。

8.2.1 挖掘发展潜力能力智能分析基本内容

从企业营业收入增长率、总资产周转率增长率、净利润增长率3个指标的变化情况，可以将企业发展状态分为可持续发展、过快发展、失控发展、减速发展、正常衰退、严重衰退6种情况，见表8-2。每一种发展状态下企业存在的发展潜力为：在可持续发展状态下，要抓住机遇、扩大销售，拓展发展空间；在过快发展状态下，要努力降低成本，实现成本费用支出的合理化；在失控发展状态下，要控制成本费用支出，努力减少资金的不合理占用，加速资产周转；在减速发展状态下，要注意市场份额的丧失，努力扩大销售；在衰退状态下，要寻找新的投资发展方向。努力扩大销售属于销售管理问题，寻找新的投资方向属于企业战略决策问题。从财务管理的角度看，可主要通过两条途径来挖掘企业潜力：一是加速资产周转；二是努力实现成本费用支出的合理性。

表8-2 企业发展状态

序号	营业收入增长率	净利润增长率	总资产周转率增长率	发展状态
1	>0	>0	>0	可持续发展
2	>0	<0	>0	过快发展
3	>0	<0	<0	失控发展
4	<0	<0	>0	减速发展
5	<0	>0	<0	正常衰退
6	<0	<0	<0	严重衰退

挖掘发展潜力能力智能分析的内容见表8-3。

表8-3 挖掘发展潜力能力分类

序号	指标名称	计算公式	使用说明
1	加速资产周转带来的资金节约	加速资产周转带来的资金节约=年销售收入×(原周转天数-缩短后的周转天数)/360	说明在取得相同收入的情况下,加速周转所能够减少的资金占用额
2	加速周转带来的收入增加	加速资产周转带来的收入增加=(资产平均占用余额×360/缩短后的周转天数)-(资产平均占用余额×360/原周转天数)	说明在资金占用不变情况下,加速周转所能够带来的收入增加额
3	加速资产周转带来的营业利润增加	加速资产周转带来的营业利润增加=(资产平均占用余额×360/缩短后的周转天数)-(资产平均占用余额×360/原周转天数)×营业利润率	说明在资金占用不变情况下,加速周转所带来的利润增加额

8.2.2 挖掘发展潜力能力智能分析应用技巧

1. 收入增长率图的定义

(1) 定义指标。通过自定义指标功能定义"营业收入增长率",见图8-7。

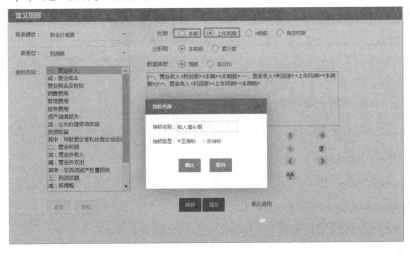

图8-7 营业收入增长率指标定义

（2）营业收入增长率趋势变化图的定义。通过"图定义"功能定义，见图8-8。

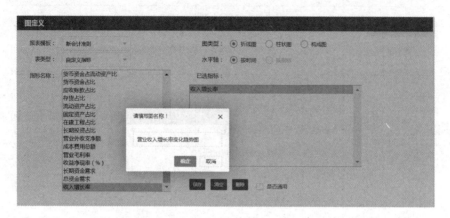

图8-8 营业收入增长率趋势变化图定义

（3）营业收入增长率变化趋势图展示结果见图8-9。

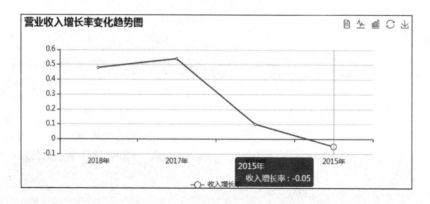

图8-9 营业收入增长率趋势变化

2. 净利润增长率图的定义

（1）定义指标。通过自定义指标功能定义"净利润增长率"，见图8-10。

（2）净利润增长率变化图的定义。通过"图定义"功能定义，见图8-11。

（3）净利润增长率变化趋势图的展示结果见图8-12。

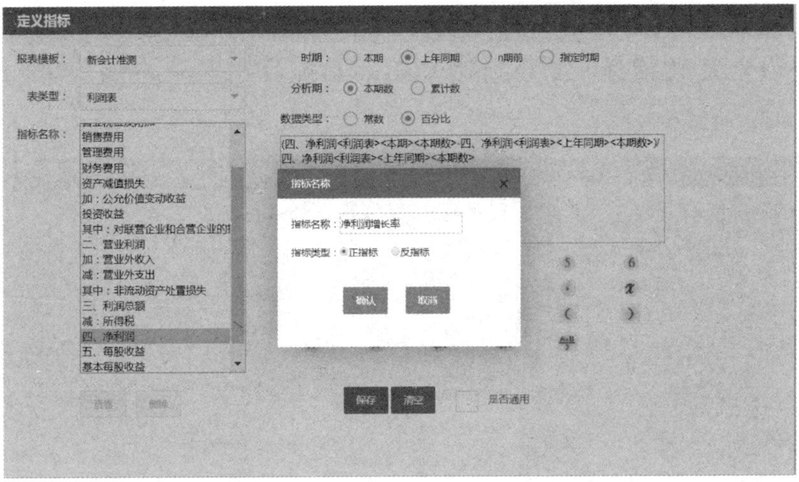

图 8-10　净利润增长率指标定义

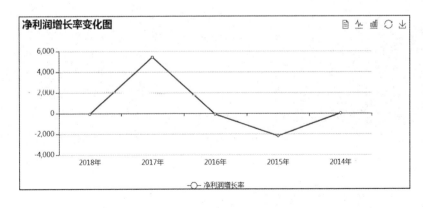

图 8-11　净利润增长率变化图定义

图 8-12　净利润增长率趋势变化

3. 资本增长率图的定义

（1）定义指标。通过自定义指标功能定义"资本增长率"，见图 8-13。

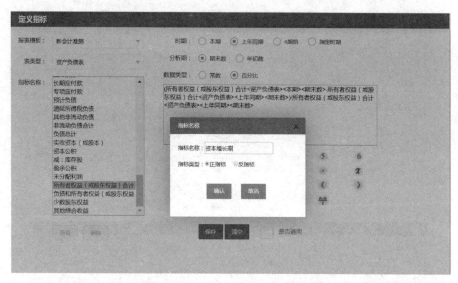

图 8-13　资本增长率指标定义

（2）资本增长率变化图的定义。通过"图定义"功能定义，见图 8-14。

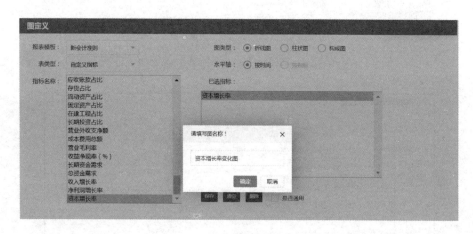

图 8-14　资本增长率图定义

（3）资本增长率变化趋势图的展示结果见图 8-15。

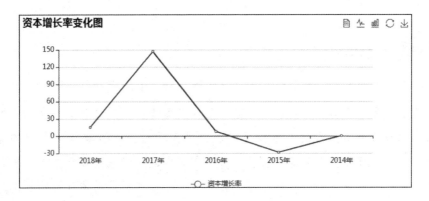

图 8-15　资本增长率变化趋势

8.2.3　挖掘发展潜力能力智能分析案例解析

挖掘发展潜力能力智能分析报告的结果展示见图 8-16。

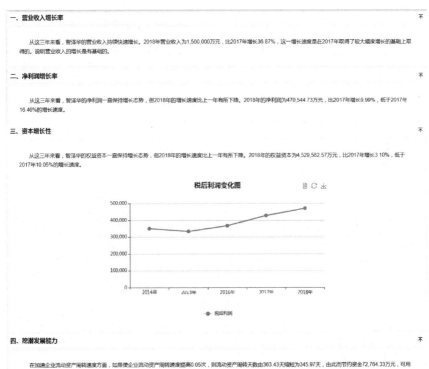

图 8-16　挖掘发展潜力能力智能分析

 **本章小结**

　　发展能力智能分析包括自我发展能力分析、筹资发展能力和挖掘发展潜力能力分析3部分内容。自我发展能力主要通过计算企业依靠自我积累资金来投资发展的能力；筹资发展能力主要是指企业募集权益资金的能力；挖潜发展能力主要计算企业加速资产周转之后带来的资金节约、收入增长和利润增加，利用杠杆效应扩展能力主要包括利用财务杠杆和利用经营杠杆来扩展的能力。

 **本章习题**

名词解释

可动用资金总额　　　　　　　　可动用现金总额

加速资产周转带来的资金节约　　加速资产周转带来的收入增加

加速资产周转带来的利润增加　　可持续增长率

简答题

1. 如何通过智能方法分析企业自我发展能力？
2. 如何计算加速资产周转带来的资金节约额？
3. 如何计算加速资产周转带来的收入增加？
4. 如何计算企业的可持续增长率？

第 9 章　偿债能力智能分析

 **学习目的**

1. 了解支付能力智能分析方法。
2. 掌握短期偿债能力智能分析方法。
3. 掌握长期偿债能力智能分析内容和指标。
4. 掌握智能评价企业偿债风险的方法。

企业的偿债能力，静态来看就是企业用资产清偿长、短期负债的能力；动态来看就是用现有资产和经营收益来偿还长、短期负债的能力。企业能否偿还债务，最终体现为对到期债务能否支付现金。企业是否拥有现金支付能力，不但是最终评价企业能否按期还债的依据，而且也是评价企业能否正常、持续经营下去的依据，因此在分析企业偿债能力之前，有必要先讨论企业支付能力的分析方法。

企业支付能力分析

9.1.1 企业支付能力分析的内容

支付能力，简单来说就是用货币性资产支付已到期的债务和其他经营活动资金需求的能力。它受多方面因素的影响，最基本的影响来自于企业的投资、融资和经营活动。如果企业在进行投资和经营活动时丧失支付能力，将会导致这些活动的停止；如果企业在债务到期时缺乏支付能力，则可能导致企业破产。企业的支付能力可以区分为账面现金支付能力、实际现金支付能力、内在现金支付能力、新增现金支付能力、未来现金支付能力。这些概念从不同角度定量揭示企业的支付能力，见表9-1。

表 9-1 支付能力分析指标

序号	分析指标	计算公式	使用说明
1	账面现金支付能力	账面现金支付能力 = 货币资金 + 交易性金融资产 + 应收票据 – 短期借款 – 交易性金融负债 – 应付票据	大于 0 说明企业有资金富余，小于 0 说明经营活动或投资活动需要依靠短期借款
2	实际现金支付能力	实际现金支付能力 = 货币资金 + 可立即变现的交易性金融资产 + 应收票据 – 需要立即偿还的短期借款 – 需要立即偿还的交易性金融负债 – 应付票据 – 需要立即支付的其他负债 – 需要立即支付的各项费用和支出	是可立即变现的资产和需要立即偿还或者支付的资金的差额，更接近于企业对支付能力的实际感受
3	内在现金支付能力	内在现金支付能力 = 营运资本 – 营运资金需求	是由企业投资、融资和经营活动决定的支付能力，在数值上等于账面现金支付能力，说明账面现金支付能力是企业各项活动的最终结果
4	新增现金支付能力	新增现金支付能力 = 净利润 + 未付现成本 – 新增营运资金需求	揭示依靠经营业务持续开展可以增加的未来支付能力
5	未来现金支付能力	未来现金支付能力 = 期初现金支付能力 + 未来非流动负债的增加额 + 未来所有者权益的增加额 + 未来非流动资产的减少额 – 未来非流动负债的减少额 – 未来所有者权益的减少额 – 未来营运资金需求的增加额 + 未来营运资金需求的减少额	揭示在考虑企业未来采取的融资活动、投资活动和经营活动之后的支付能力

企业支付能力的变化是由投资、融资和经营活动共同决定的，它随着企业内部经营状况及外部市场环境的变化而变化。表 9-2 揭示了企业在经营形势改善或恶化、外部信贷政策宽松或收紧情况下支付能力变化的一般过程，从中可以评估资金链风险和破产风险。

表 9-2　资金链和破产风险分析方法

序号	分析内容	分析方法或思路
1	经营不善导致的资金链断裂	营运资金需求的增加—利润下降—现金支付能力下降—经营困难出现亏损—营运资本下降—营业收入下降—实际支付能力下降或为负—支付困难、资金链断裂
2	实施有效管理化解资金危机	出售资产或存货取得实际现金支付能力—开展业务取得销售收入—加速流动资产周转，努力扩大销售收入—降低营运资金需求，提高现金支付能力—投入现金盘活其他未激活资产—收入增加，利润增加，现金支付能力提高
3	外部信贷紧缩条件下的资金链断裂	银行收回短期借款或提高借款利率—经营资金投入下降，收入下降—相对成本上升，利润下降或出现亏损—新增支付能力下降，外部资金拖欠增加—营运资本减少，营运资金需求增加—现金支付能力下降，资金缺口扩大
4	外部信贷扩张条件下的支付能力改善	企业从银行获得低成本贷款—经营活动资金增加，销售收入增加—相对成本下降，利润上升—营运资本增加，支付能力增强—资金状况改善，收入继续扩大—偿还银行借款，企业实际支付能力提高
5	盈利情况下的破产风险	净利润大于0，新增现金支付能力大于0，但账面现金支付能力小于0，实际现金支付能力小于0
6	亏损情况下的破产风险	净利润小于0，新增现金支付能力小于0，账面现金支付能力小于0，实际现金支付能力小于0

9.1.2　企业支付能力分析应用技巧

1. 企业支付能力指标定义

案例一：账面净现金

（1）通过"自定义指标"定义"账面净现金"指标。进入"定义指标"界面，按照账面净现金指标公式（净现金＝货币资金＋交易性金融资产＋应收票据－短期借款－交易性金融负债－应付票据）定义指标，见图9-1。

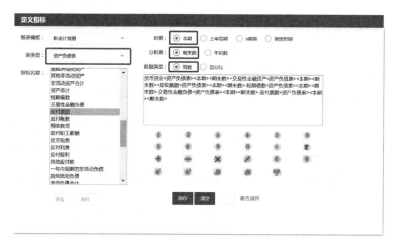

图 9-1　账面净现金公式定义

（2）如图 9-1 所示，在"表类型"处选择定义指标所需项目所在的"资产负债表"，双击选择所需项目，单击"+""-"运算符，"时期"属性勾选"本期"，"分析期"属性勾选"期末数"，"数据类型"属性勾选"常数"，完成指标定义公式。

（3）单击"保存"，在弹出的对话框中输入指标名称，单击"确定"完成指标定义，如图 9-2 所示。

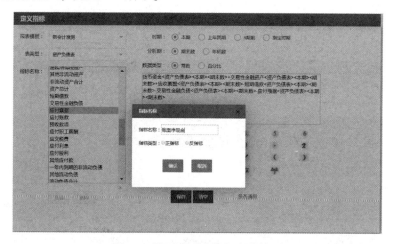

图 9-2　账面净现金指标名称填写

案例二：内在现金支付能力

（1）通过"自定义指标"定义"内在现金支付能力"指标。进入

"定义指标"界面，按照内在现金支付能力指标公式（现金支付能力＝营运资本－营运资金需求）定义指标。

（2）"营运资金需求"和"营运资本"指标内置在"常用指标"中，在"表类型"处选择定义指标所需项目所在的"常用指标"，双击选择所需项目，单击"－"运算符，"时期"属性勾选"本期"，"分析期"属性勾选"期末数"，"数据类型"属性勾选"常数"，完成指标定义公式，见图9-3。

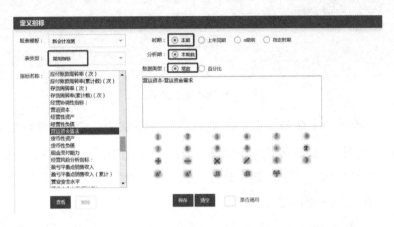

图9-3　指标定义步骤

（3）单击"保存"按钮，在弹出的对话框中输入指标名称，单击"确定"按钮完成指标定义，见图9-4。

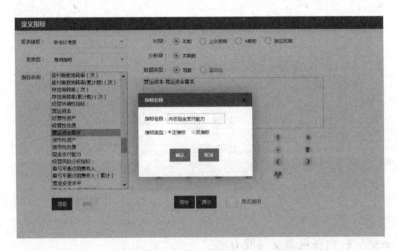

图9-4　内在现金支付能力名称填写

2. 企业支付能力分析报告的定义与生成

案例一：企业支付能力分析报告的定义

（1）进入"建立报告模板"界面，"模型名称"中选择"分析报告"，在"分析报告"中单击"＋"号按钮打开偿债能力分析模块，通过"右移"按钮将"支付能力及还债期"模块移至右侧"新建模型"框内，见图9-5。

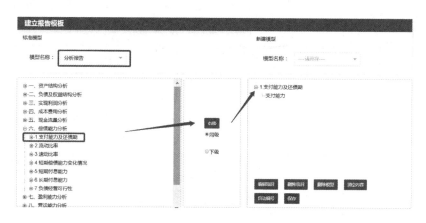

图9-5　报告组成第一部分

（2）在"分析报告"中单击"＋"号按钮打开"经营协调性分析"模块，通过"右移"按钮将"现金支付情况"模块移至右侧"新建模型"框内，见图9-6。

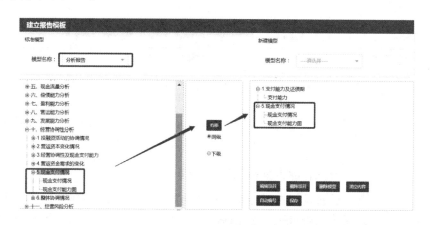

图9-6　报告组成第二部分

(3) 在"模型名称"中选择"风险预警",在"风险预警"中单击将"资金链监控"模块整体通过"右移"按钮移至右侧"新建模型"框内,见图9-7。

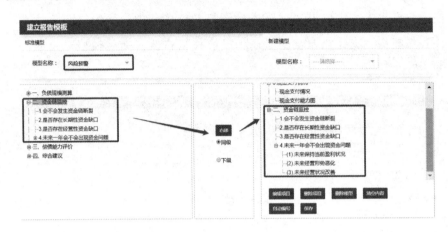

图9-7 报告组成第三部分

单击"自动编号"按钮对报告内容进行重新标题级别,见图9-8。

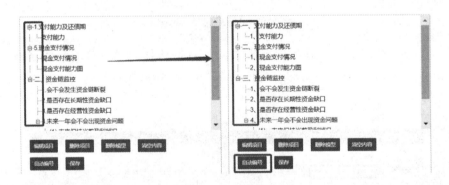

图9-8 报告标题级别调整

(4) 单击"保存"按钮,给报告命名,完成企业支付能力分析报告的定义。

案例二:企业支付能力分析报告的生成

在自定义分析报告界面对自定义报告进行查看。下面以查看2018年智泽华企业支付能力分析报告为例说明。

(1) 单击"自定义分析报告"进入自定义模型分析界面,依次选择

"客户名称""分析时间""报表类型""货币单位",在"模型名称"下拉菜单中,查找"企业支付能力分析报告",见图9-9。

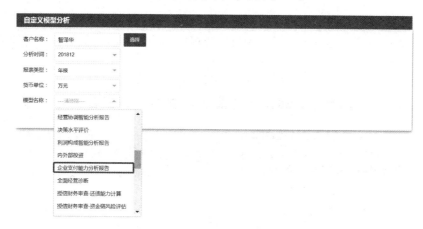

图9-9 自定义报告生成的选择步骤

(2)单击"生成报告"按钮可在线预览,见图9-10。单击"下载报告"可将报告下载至本地,以Word格式保存。

万科A2018年企业支付能力分析报告

一、支付能力及还债期

从支付能力来看,万科A2018年是有现金支付能力的,其现金支付能力为18,856,744.02万元。

二、现金支付情况

从企业的现金支付能力来看,企业经营业务的开展,能够为企业带来1,540,952.07万元的资金。而企业投融资活动又为企业提供了17,315,791.95万元的流动资金,结果出现资金闲置,当期闲置支付能力18,856,744.02万元。

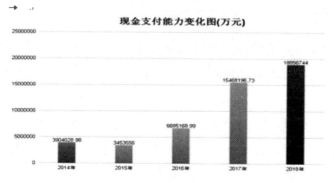

图9-10 企业支付能力分析报告部分内容展示

9.1.3 企业支付能力案例解析

深华发 A 和深振业 A 两家企业的现金支付能力分析结果对比见图 9-11 和图 9-12，可以看出，深华发 A 存在支付能力不足，而深振业 A 支付能力充足。

深华发A2018年企业支付能力分析报告

一、支付能力及还债期

从支付能力来看，深华发A2018年经营活动的正常开展，在一定程度上还要依赖于短期债务融资活动的支持。

二、现金支付情况

从企业的现金支付能力来看，企业当期经营业务活动的开展，需要 11,311 万元的流动资金，企业通过长期性投融资活动准备了 2,719.28 万元的营运资金，但这部分资金不能满足企业经营活动的资金的需求，结果出现了支付困难，现金支付能力为负 8,591.72 万元，即企业的支付能力主要依靠短期借款来维持。

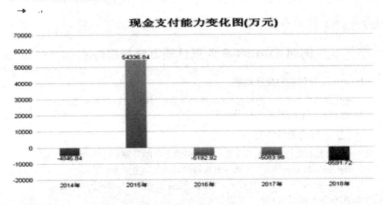

图 9-11　深华发 A 现金支付能力

深华发 A 经营活动的正常开展需要企业提供 11 311 万元的流动资金，而企业投融资活动只提供了 2 719.28 万元，结果出现了现金支付困难，资金缺口为 8 591.72 万元，如图 9-11 所示。而深振业 A 当期不存在资金缺口，企业拥有 28.5 亿元的支付能力，这部分支付能力主要是企业投融资活动提供的资金满足了企业经营活动资金需求之后的剩余，如图 9-12 所示。

深振业A2018年企业支付能力分析报告

一、支付能力及还债期

从支付能力来看,深振业A2018年是有现金支付能力的,其现金支付能力为284,974.37万元。

二、现金支付情况

从企业的现金支付能力来看,企业经营业务需要214,099.27万元的营运资金,而企业的营运资本数额为499,073.65万元,营运资本能够满足企业经营业务对资金的需求,企业拥有支付能力,当期现金支付能力为284,974.37万元。

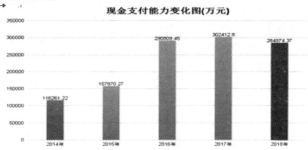

图 9-12　深振业 A 现金支付能力

短期偿债能力智能分析

9.2.1　短期偿债能力智能分析内容

偿债能力分析可以分为短期偿债能力分析和长期偿债能力分析。短期偿债能力分析通常是分析企业利用资产偿还债务的能力,可以用资产负债率、有息债务资本化比率、产权比率、有形净值债务率、或有负债率、流动比率、速动比率及现金比率指标来评价,见表9-3。

表 9-3　用资产偿还债务的能力分析

序号	分析指标	计算公式	使用说明
1	资产负债率	资产负债率 = 负债总额/资产总额×100%	一般认为50%以内比较合理,但企业盈利能力较强、周转速度较快时,比如资产利润率超过30%、年资产周转次数超过1时,70%的资产负债率也是合理的;但当资产利润率低于10%、年资产周转次数不足1时,即使资产负债率为30%的企业按期还债也会有一定困难

（续）

序号	分析指标	计算公式	使用说明
2	有息债务资本化比率	有息债务资本化比率 = 有息负债/(有息负债 + 所有者权益)×100% 其中，有息负债 = 短期借款 + 一年内到期的长期负债 + 应付票据 + 长期借款 + 应付债券 所有者权益 = 股东权益 + 少数股东权益	揭示付息负债占投入企业总资本的比例，一般认为不超过35%比较合理，但当不存在持股比例超过35%的大股东时，即使该指标在35%以下，企业经营失败的主要风险仍然主要在债权人身上
3	产权比率	产权比率（资本负债率）= 负债合计/所有者权益合计×100%	反映相对于所有者，债权人承担的风险大小，数值越低偿债能力越好，大于1说明债权人投入企业资金大于所有者
4	有形净值债务率	有形净值债务率 = 负债总额/(股东权益 − 无形资产)×100%	是在产权比率计算的所有者权益中剔除无形资产之后计算的结果，因此比产权比率更加谨慎，通常在企业濒临破产时用来判断债务资金的保障程度，越低债务偿还保障程度越高
5	或有负债率	或有负债比率 = 或有负债余额/所有者权益×100% 其中，或有负债余额 = 已贴现承兑汇票 + 担保余额 + 贴现与担保外的被诉事项金额 + 其他或有负债	越低越好
6	流动比率	流动比率 = 流动资产合计/流动负债合计	揭示用流动资产偿还流动负债的能力，一般认为2比较合理，但对中国和日本企业研究表明：很少有行业的流动比率平均值超过2，平均值为1.15左右；制造业企业的流动比率在1.1～1.3之间；服务业企业在0.6～0.9之间；流动比率是一个时点数，波动较大，并不是一个评价偿债能力的很好指标

（续）

序号	分析指标	计算公式	使用说明
7	速动比率	速动比率 = 速动资产/流动负债合计 其中，速动资产 = 流动资产 – 存货 – 待摊费用 – 合同资产	揭示用速动资产偿还流动负债的能力，一般认为1比较理想，但中国企业分行业的平均数据表明：电信、零售等日常经营不断收取大量现金的企业速动比率较低，一般不超过0.7；制造环节或销售环节需要大量存货的企业的速度比率也不会超过0.9；速动比率也是一个时点数，波动较大，并不是一个评价偿债能力的很好指标
8	现金比率	现金比率 = (货币资金 + 交易性金融资产 + 应收票据)/流动负债	反映在其他资产变成现金有困难的情况下用现金资产偿还流动负债的比例

9.2.2 短期还债能力智能分析应用技巧

1. 流动比率变动图与指标表

案例一：流动比率变动图的定义

（1）通过"图定义"功能实现流动比率变动图的定义，操作见图9-13。

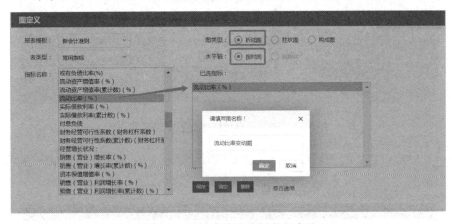

图9-13 流动比率变动图定义步骤

（2）已定义的图可在"图表展现"中查看，流动比率变动图预览见图9-14。

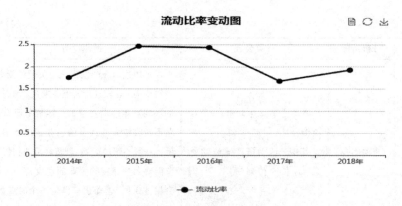

图 9-14 流动比率变动图预览

案例二：流动比率指标变化表

流动比率指标变化表包括流动资产、流动负债和流动比率 3 个指标。

（1）通过"表定义"功能实现流动比率指标变化表的定义，操作见图 9-15。

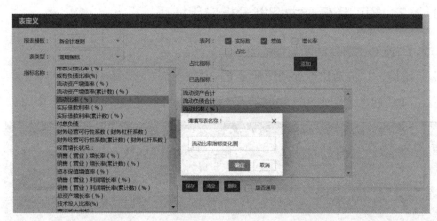

图 9-15 流动比率指标变化表定义步骤

（2）已定义的表可以在"图表展现"中查看，流动比率指标变化表见图 9-16。

	201812	201712	201612
流动资产合计(万元)	2013501.79	1821488.21	1410013.36
流动负债合计(万元)	1285712.16	1109547.33	997363.7
流动比率（%）	1.57	1.64	1.41
流动比率（%）变化值	-0.07	0.23	-0.11

图 9-16 流动比率指标变化表预览

2. 速动比率变动图与指标表

案例一：速动比率变动图的定义

（1）通过"图定义"功能实现速动比率变动图的定义，操作见图9-17。

图9-17　速动比率变动图定义步骤

（2）已定义的图可在"图表展现"中查看，速动比率变动见图9-18。

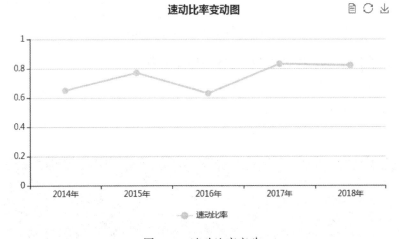

图9-18　速动比率变动

案例二：速动比率指标变化表

速动比率指标变化表包括速动资产、流动负债和速动比率3个指标。

（1）通过"表定义"功能实现速动比率指标变化表的定义，操作见图9-19。

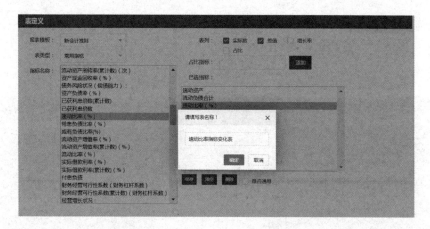

图 9-19　速动比率指标变化表定义步骤

（2）已定义的表可在"图表展现"中查看，速动比率指标变化表见图 9-20。

	201812	201712	201612
速动资产(万元)	1057528.72	917199.86	631100.52
流动负债合计(万元)	1285712.16	1109547.33	997363.7
速动比率（％）	0.82	0.83	0.63
速动比率（％）变化值	-0.01	0.20	-0.14

图 9-20　速动比率各指标变化表

3. 资产负债率变动趋势图与各指标变化表

案例一：资产负债率变动趋势图定义

（1）通过"图定义"功能实现资产负债率变动趋势图的定义，操作见图 9-21。

图 9-21　资产负债率变动趋势图定义步骤

（2）已定义的图可在"图表展现"中查看，资产负债率变动趋势见图 9-22。

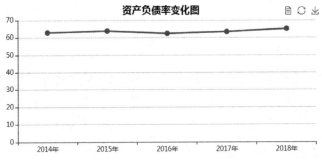

图 9-22　资产负债率变动趋势展示

案例二：资产负债率指标变化表

资产负债率指标变化表，按照资产负债率定义公式，包括资产总计、负债总计和资产负债率 3 个指标。

（1）通过"表定义"功能实现资产负债率指标变化表的定义，操作见图 9-23。

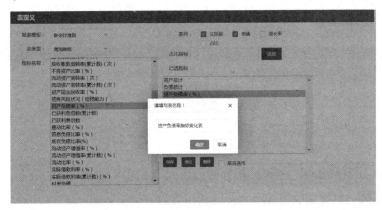

图 9-23　资产负债率指标变化表定义步骤

（2）已定义的表可在"图表展现"中查看，资产负债率指标变化表见图 9-24。

	201812	201712	201612
负债合计(万元)	1939925.41	1716355.95	1348818.8
资产总计(万元)	2984980.11	2710946.49	2162292.58
资产负债率（%）	0.65	0.63	0.62
资产负债率（%）变化值	0.02	0.01	-0.02

图 9-24　资产负债率各指标变化表预览

4. 偿债能力指标表

偿债能力分析主要依靠流动比率、速动比率、资本负债率、利息保障倍数等基本指标。

（1）通过"表定义"功能定义偿债能力指标表步骤见图9-25。

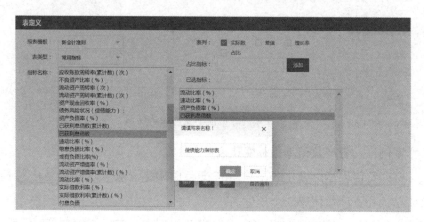

图9-25　偿债能力指标表定义步骤

（2）已定义的表可在"图表展现"中查看，偿债能力指标表见图9-26。

项目名称	2018年	2017年	2016年
流动比率	1.57	1.64	1.41
速动比率	0.82	0.83	0.63
利息保障倍数	3.33	1.84	2.48
资产负债率	0.65	0.63	0.62

图9-26　偿债能力指标表结果预览

5. 短期偿债能力智能分析报告的定义与生成

案例一：短期偿债能力智能分析报告的定义

（1）进入"建立报告模板"界面，"模型名称"中选择"分析报告"，通过"右移"按钮将偿债能力模块内容移至右侧"新建模型"框内，见图9-27。

（2）在图9-27的偿债能力分析模块中，可以通过"删除项目"按钮将不属于短期还债能力范围的内容删除。单击要删除的模块，选择"删除项目"将其删除，见图9-28。

图 9-27　编辑短期还债能力智能分析报告内容模块

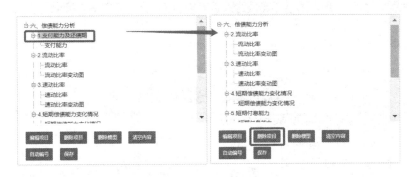

图 9-28　删除项目操作

（3）在"模型名称"中选择"风险预警"，将偿债能力评价中的"现有短期债务能否偿还"模块移至右侧"新建模型"框内，见图 9-29。

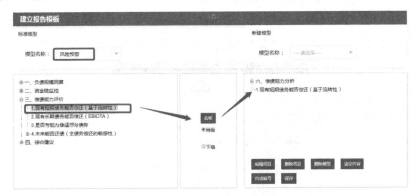

图 9-29　添加分析报告内容模块

（4）单击"自动编号"对报告内容重新确定标题级别，见图 9-30。

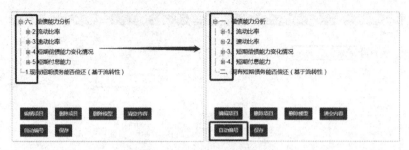

图 9-30　报告标题级别调整

（5）单击"保存"按钮给报告命名，完成短期偿债能力智能分析报告的定义，见图 9-31。

图 9-31　编辑报告名称

案例二：短期偿债能力智能分析报告的生成

（1）在"自定义分析报告"界面对自定义报告进行查看。查看 2018 年智泽华短期还债能力智能分析报告示例见图 9-32。

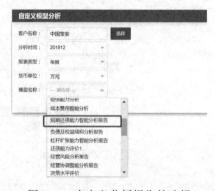

图 9-32　自定义分析报告的选择

（2）单击"生成报告"可在线预览，见图 9-33。单击"下载报告"可将报告下载至本地，以 Word 格式保存。

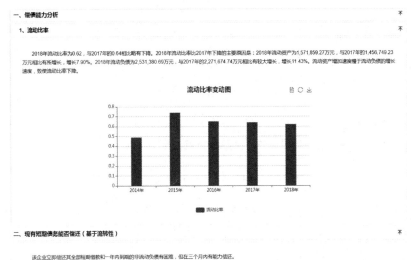

图 9-33　短期偿债能力智能分析报告部分内容展示

9.2.3　短期偿债能力智能分析案例解读

案例一：流动比率变动原因解析

通过对比智泽华和深振业 A 两家公司的流动比率情况，可查看系统对流动比率不同变化情况的解析，见图 9-34 和图 9-35。

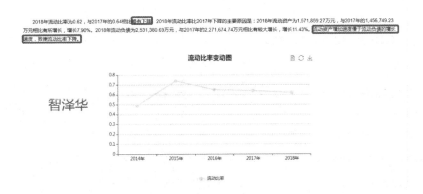

图 9-34　智泽华流动比率分析

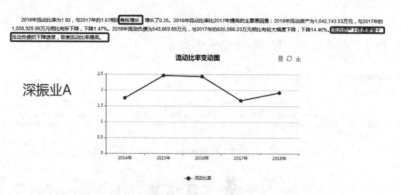

图 9-35　深振业 A 流动比率分析

系统对连续两年的企业流动比率进行比较，并对其变化原因进行分析。如图 9-34 所示，智泽华 2018 年流动比率略有下降，通过流动比率构成分析，可知是因为流动资产的增加快于流动负债的增加造成的。如图 9-35 所示，深振业 A 流动比率有所增长，可知是因为流动资产下降速度慢于流动负债下降导致的。

系统通过解析流动比率构成，对导致企业流动比率做分步解析，判断企业流动比率变动的原因，对不同企业不同情况导致的变动给予相应结论。

案例二：速动比率变动原因解析

通过对比智泽华和深振业 A 两家公司的速动比率情况，可查看系统对速动比率不同变化情况的解析，见图 9-36 和图 9-37。

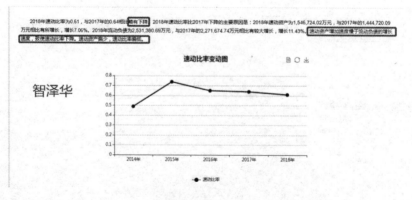

图 9-36　智泽华速动比率分析

2018年速动比率为0.73，与2017年的0.57相比有所增长，增长了0.16。2018年速动比率比2017年提高的主要原因是：2018年速动资产为399,040.46万元，与2017年的360,323.2万元相比有较大增长，增长10.75%。2018年流动负债为543,669.89万元，与2017年的635,566.23万元相比有较大幅度下降，下降14.46%。速动资产增长，但流动负债下降，致使速动比率提高。速动资产充足，速动比率合理。

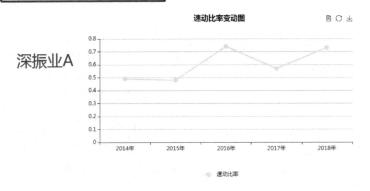

图 9-37　深振业 A 速动比率分析

系统对连续两年的企业速动比率进行比较，并对其变化原因进行分析。如图 9-36 所示，智泽华 2018 年速动比率略有下降，通过速动比率构成分析，可知其是因为速动资产的增加慢于流动负债的增加造成的。如图 9-37 所示，深振业 A 流动比率有所增长，其增长是因为速动资产增长而流动负债下降导致的，这种速动资产充足导致的速动比率的增长是合理的。

9.3　长期还本付息能力智能分析

9.3.1　长期还本付息能力分析内容

长期来看，企业的还债能力实际上是指企业的还本付息能力，通常用利润或利润提留来分析偿还债务的能力，指标包括经营偿债期、EBIT 债务比、EBITDA 债务比、经营还债期、营业还债期、现金还债期，见表 9-4。

表9-4 用利润偿还债务的能力分析

序号	分析指标	计算公式	使用说明
1	营业还债期	营业还债期=(流动负债+非流动负债)/营业利润	说明用营业利润偿还债务所需要的期限,但应从负债总额中扣除经营性负债,因为经营性负债是可以周转和循环的,并不需要偿还;营业利润中应扣除不能用来还债的非现金利润
2	EBIT债务比	EBIT债务比 = 有息负债合计/EBIT 其中,EBIT = 营业利润 + 财务费用 + 营业外收入 − 营业外支出 + 以前年度损益调整	反映息税前利润偿还有息负债总额的能力,揭示企业不考虑税率差异影响和利率差异影响之后的偿债能力,但该指标没有考虑折旧、摊销带来的资金可用来还债;赊账销售带来的利润不能用来还债;利息和所得税不能用来还债
3	EBITDA债务比	EBITDA债务比 = 有息负债合计/EBITDA 其中,EBITDA = EBIT + 折旧 + 摊销	是用息税前收益和折旧摊销等提留资金来偿还有息债务的能力,它剔除了企业折旧政策、摊销年限的影响。该指标比EBIT债务比在揭示偿债能力方面更准确一些
4	经营还债期	经营还债期 = 有息负债合计/可动用资金总额	它从EBITDA中剔除了利息、所得税等不能偿还债务的资金,更接近于企业实际的偿债能力
5	现金还债期	现金还债期 = 有息负债合计/可动用现金总额	是在可动用资金总额的基础上剔除资产价格变动、未实现投资收益的基础上来看偿债有息负债所需要的时间。该指标更接近于用企业的现金利润和现金提留来偿还债务,比前几个指标更加准确

企业除了偿还债务本金,还需要支付利息,对于一些银行来说,并不愿意向优质客户收回贷款,而是期望其继续成为贷款客户。在这种情况下,银行更加关心的是付息能力,付息能力的评价指标见表9-5。相对来讲,付息能力的要求要比偿还本金能力的要求要低。对于盈利相对较低的企业来说,偿还利息容易实现,偿还本金会比较困难,偿还全部本息则更加困难一些。

表 9-5 付息能力分析指标

序号	分析指标	使用说明
1	利息保障倍数	是息税前收益与利息支出之比，一般认为超过 3 倍支付利息有保证，这时收益支付完利息之后还可以支付相当于 2 倍利息的本金；当该指标超过 5 倍，在利率为 5% 的情况下该企业可以在 5 年之内用经营收益偿还全部本息
2	利息负担率	由于收益常常受多种因素影响不太稳定，通常用利息和收入之比指标来判断企业利息负担程度更有意义，一般认为工业企业利息和收入之比不低于 3% 比较理想，超过 5% 偿还本息就会有困难，商业企业超过 5% 就存在偿还本息困难
3	利息现金保障倍数	是用经营活动现金净流量和利息之比，揭示现金流入对利息偿还的保障程度
4	到期债务本息偿还率	是当期经营活动创造的现金净流量和当期已经偿还的债务的本金和利息的比，揭示用经营活动创造的现金净流量偿还债务本息的比例
5	收入短期借款比	当企业的盈利很不稳定，或者企业亏损运转，或者报表数据存在问题，直接用企业创造的收入来偿还债务更有实际意义，一般用短期借款和年度营业收入之比指标来揭示。正常企业该指标一般低于 20%；在季节性波动很大的企业一般不超过 40%；超过 80% 时，该企业肯定存在严重的经营问题

9.3.2 长期还本付息能力智能分析应用技巧

1. 付息能力指标变化表

付息能力包括已获利息倍数、付息负债、实际借款利率、负债经营可行性系数等指标。

（1）通过"表定义"功能实现付息能力指标变化表的定义，见图 9-38。

（2）已定义的图可在"图表展现"中查看，付息能力指标变化表见图 9-39。

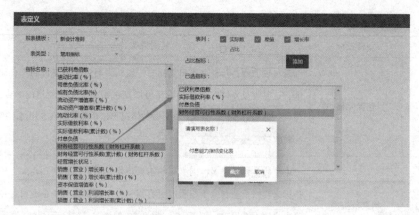

图 9-38　表定义步骤

付息能力指标变化表

项目名称	2018年	2017年	2016年
已获利息倍数（倍）	4.93	6.29	6.47
实际利率水平（%）	3.2	4.6	2.2
付息负债（万元）	7796230.06	5674233.87	4728594.09
负债经营可行性系数	1.64	2.43	1.52

图 9-39　付息能力指标变化表

2. 长期还本付息能力智能分析报告的定义与生成

案例一：长期还本付息能力智能分析报告的定义

（1）进入"建立报告模板"界面，"模型名称"中选择"分析报告"，在"分析报告"中单击"＋"号按钮打开偿债能力分析模块，通过"右移"操作将"长期付息能力"和"负债经营可行性"模块移至右侧"新建模型"框内，见图9-40。

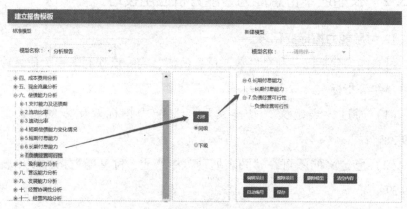

图 9-40　编辑报告第一部分内容

(2) 在"风险预警"中单击"+"号按钮打开资金链监控模块，通过"右移"操作将相关模块移至右侧"新建模型"框内，见图9-41。

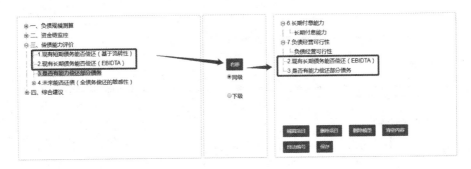

图 9-41　编辑报告第二部分内容

(3) 单击"自动编号"对报告内容进行重新标题级别，见图9-42。

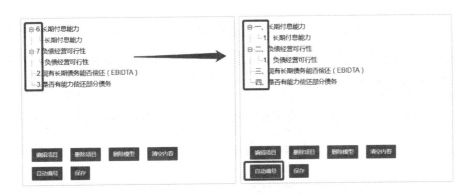

图 9-42　报告标题级别调整

(4) 单击"保存"给报告命名，完成短期还债能力智能分析报告的定义。

案例二：长期还本付息能力智能分析报告的生成

在"自定义分析报告"界面对自定义报告进行查看，2018年智泽华长期还本付息能力智能分析自定义报告预览见图9-43。

一、长期付息能力
从盈利情况来看，企业盈利对利息的保障倍数为4.93倍。从实现利润和利息的关系来看，企业盈利能力较强，利息支付有保证。
二、负债经营可行性
从资本结构和资金成本来看，智泽华2018年的付息负债为4,796,230.06万元，实际借款利率水平为3.2%，企业的财务风险系数为1.64。
三、现有长期债务能否偿还（EBIDTA）
按照当前经营状况，如果用EIBTDA来还债，该企业在三年内难以偿还其全部长短期有息负债，但在5.73年内有能力偿还全部长短期有息负债；以营业利润为基础计算，偿还全部长短期有息负债，大约需要3.13年。
四、是否有能力偿还部分债务
该企业有能力立即偿还50%的短期借款。该企业在二年内难以偿还50%的短期借款和50%的非流动负债但在三年内有可能。

图 9-43　长期还本付息能力智能分析内容预览

9.3.3　长期付息能力智能分析案例解读

以智泽华与神舟数码2018年长期付息能力为例，对比两家企业长期付息能力，查看系统对企业不同盈利水平下判断利息是否有支付保证，见图9-44和图9-45。

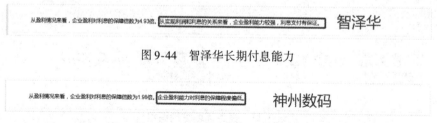

从盈利情况来看，企业盈利对利息的保障倍数为4.93倍。从实现利润和利息的关系来看，企业盈利能力较强，利息支付有保证。
智泽华

图 9-44　智泽华长期付息能力

从盈利情况来看，企业盈利对利息的保障倍数为1.98倍。企业盈利能力对利息的保障程度偏低。
神州数码

图 9-45　神州数码长期付息能力

通过对比上述两家企业的长期付息能力可以看出，系统通过计算企业利息保障倍数，从利润和利息关系角度，判断企业是否有长期利息支付保证。2018年智泽华盈利能力较强，利息支付有保证，而神州数码2018年盈利能力低，利息的保证倍数偏低。这是系统对企业当期盈利能力分析后得出的结论。

9.4 偿债风险智能评价

9.4.1 偿债风险智能评价主要内容

偿债风险智能评价主要包括偿还期智能分析和流动性智能分析等内容。

1. 偿还期智能分析

偿还期智能分析主要指利润与负债之比,指标包括经营还债能力、EBIT 债务比、可动用资金总额与债务比(经营还债期)、可动用现金总额与债务比(营业还债期)和经营现金流与债务比(现金还债期)。

2. 流动性智能分析

流动性智能分析主要是指利润与负债之比,指标包括资产负债率、有息债务资本变化率、资本负债率、有形净值债务率、流动比率、速动比率、现金比率。

9.4.2 偿债风险智能评价应用技巧

偿债风险智能评价钻取分析方法:

单击"深度钻取分析"按钮进入"深度指标分析"界面,查看偿债能力分析模块。2018 年智泽华偿债能力示例见图 9-46。

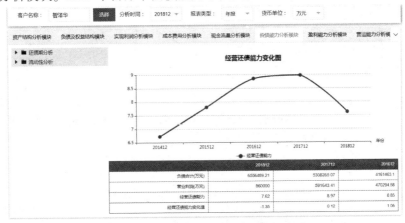

图 9-46 偿债能力分析模块钻取界面

如图 9-46 所示，偿债风险智能评价包括还债期分析和流动性分析两大模块，包含指标见图 9-47。

图 9-47　偿债风险智能评价指标

9.4.3　偿债风险智能评价案例解析

以 2018 年智泽华还债期分析和流动性分析为例，查看各指标变化情况。

经营还债能力指标和变化见图 9-48。

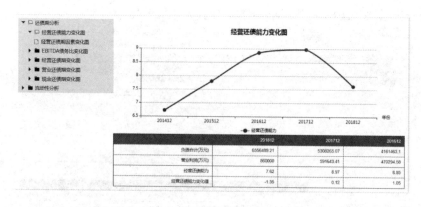

图 9-48　经营还债能力各指标变化情况

EBIDTA 债务比指标和变化见图 9-49。

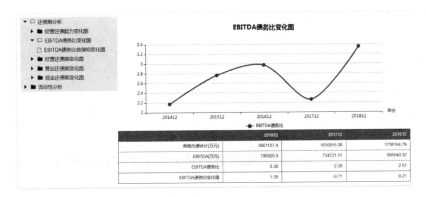

图 9-49　EBIDTA 债务比各指标变化情况

经营还债期指标和变化见图 9-50。

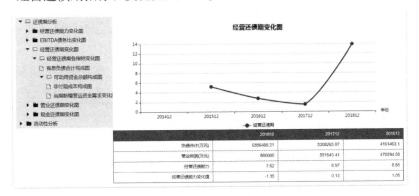

图 9-50　经营还债期各指标变化情况

营业还债期指标和变化见图 9-51。

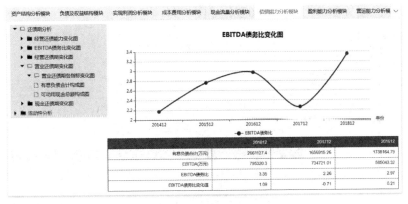

图 9-51　营业还债期各指标变化情况

现金还债期指标和变化见图9-52。

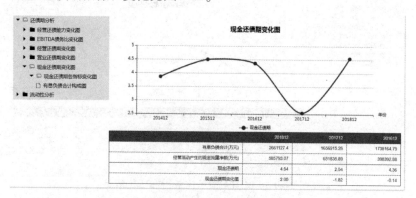

图9-52　现金还债期各指标变化情况

资产负债率指标和变化见图9-53。

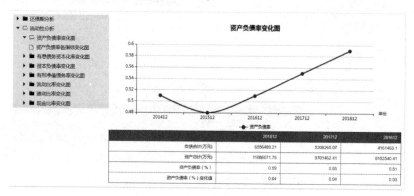

图9-53　资产负债率各指标变化情况

有息债务资本化率指标和变化见图9-54。

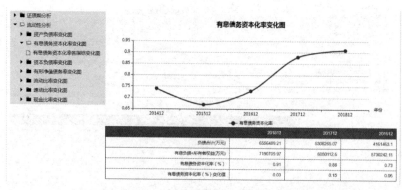

图9-54　有息债务资本化率各指标变化情况

资本负债率指标和变化见图9-55。

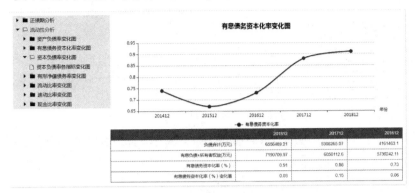

图9-55　资本负债率各指标变化情况

有息债务资本化率指标和变化见图9-56。

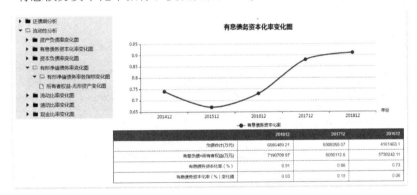

图9-56　有息债务资本化率各指标变化情况

流动比率指标和变化见图9-57。

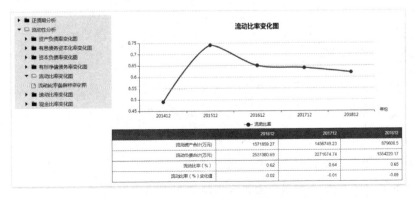

图9-57　流动比率各指标变化情况

速动比率指标和变化见图9-58。

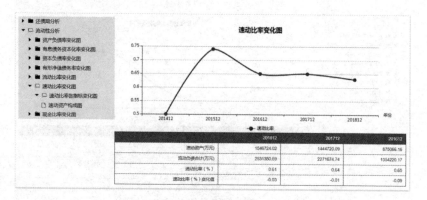

图9-58　流动比率各指标变化情况

现金比率指标和变化见图9-59。

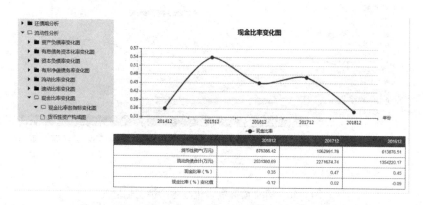

图9-59　现金比率各指标变化情况

本章小结

偿债能力是企业用资产和盈利来偿还负债的能力,这种能力可以通过现金支付能力、短期还债能力、长期还本付息能力的分析和还债风险的评价得以判断。现金支付能力可从账面、内在、现实、新增、未来等多个角度分析,短期还债能力主要是从用资产变现来偿还债务的角度分析,长期还本付息能力主要是看用企业未来创造的利润还债的能力。

名词解释

账面净现金	实际现金支付能力	内在现金支付能力
新增现金支付能力	未来现金支付能力	有息负债资本化比率
资本负债率	有形净值债务率	EBIT 债务比
EBITDA 债务比	经营还债期	营业还债期
现金还债期	利息保障倍数	利息负担率
到期债务本息偿还率		

简答题

1. 如何评价企业某个时点的现金支付能力？
2. 如何从发展的角度评价企业的现金支付能力？
3. 如何评价企业资产的流动性？
4. 如何评价企业短期还债能力？
5. 如何评价企业长期还债能力？
6. 如何评价企业还本付息能力？
7. 如何计算企业还债期？
8. 如何计算企业债务偿还率？

第 10 章 智能财务分析工具

 **学习目的**

1. 了解企业对标方法。
2. 掌握智能行业分析方法。
3. 掌握智能杜邦分析和沃尔比重分析方法。
4. 掌握 Z-score 模型、巴萨利模型、黑色倒闭模型分析方法。

智能财务分析工具是将一些传统的财务分析工具，通过软件形式固化在系统中，只需要输入或者导入数据，系统就可自动完成具体的分析内容。智能分析工具主要有智能企业对标分析、智能行业比较分析、智能杜邦分析、沃尔比重分析智能化及其他一些常用分析方法的智能化。

 智能企业对标

10.1.1 智能企业对标内容

企业之间常常因经营模式不同而出现财务指标的不可比。为了克服此类困难，目前比较流行的一种方法是与标杆企业比较（简称"对标法"），也就是企业选择一个比较成功或优秀的企业，作为自己的标杆企业。这种对标活动，并不仅仅局限于财务指标，而是进行各个方面的对标，如经营战略、客户满意度等。

智能企业对标功能可完成以行业内或行业外的一流企业作为标杆，从各个方面与标杆企业进行比较、分析和判断，通过学习他人的先进经验来改善自身的不足，从而赶超标杆企业，不断追求优秀业绩。智能企业对标功能实现了不同企业、不同财务指标模型进行详细分析的功能。

10.1.2 智能企业对标应用

（1）单击"企业对标分析"进入"企业对标分析"界面，依次选择

“客户名称”“模板种类”“报表类型”“货币单位”“分析年份”“分析时间”，可在线预览，也可下载报告至本地，见图 10-1。

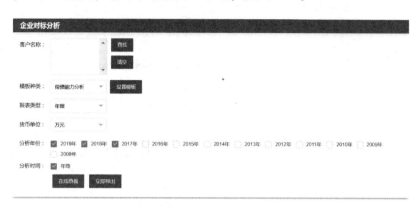

图 10-1　企业对标分析界面

（2）单击“查找”进入“客户列表”界面，勾选“客户名称”前的小方框选择需要分析的目标企业和对标企业，单击“选中”。操作界面及过程见图 10-2。

	客户名称	客户代码	规模	所属国标行业
☐	平安银行	000001	未知	null
☑	万科A	000002	未知	房地产业
☐	国农科技	000004	未知	医药制造业
☐	世纪星源	000005	未知	生态保护和环境治理业
☑	深振业A	000006	未知	房地产业
☐	零七股份	000007	未知	住宿业
☐	宝利来	000008	未知	铁路、船舶、航空航天和其他运输设备制造业
☐	中国宝安	000009	未知	中国共产党机关
☐	深华新	000010	未知	土木工程建筑业
☑	深物业A	000011	未知	房地产业

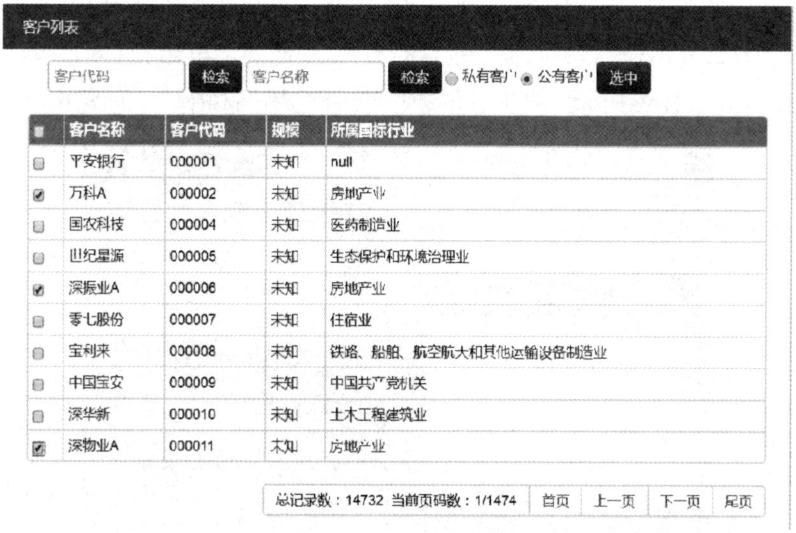

图 10-2　对标企业选择

（3）单击“模板种类”后进入“指标模板”界面，在右侧上方“模板列表”中双击适用的模板进行对标分析。单击模板名称可在右侧下方“包含指标”框内查看所选模板内容，如单击债务风险，结果见图 10-3。

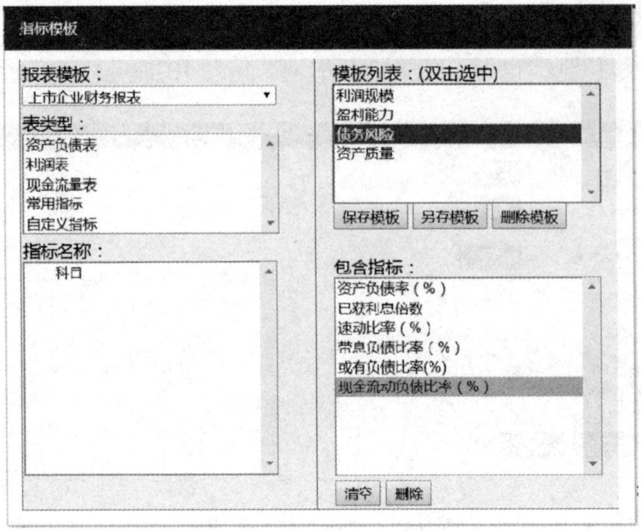

图 10-3　指标模板定义

可根据不同对标需求新建模板。假设比较目标企业与其他同行业同规模企业的营业利润、利润总额和净利润的情况，操作如下：

在"表类型"框内选择"利润表"，双击依次选择 3 个指标，则 3 个指标名称会显示在右侧下方"包含指标"方框内。单击指标后，再单击"删除"可去掉该指标，单击"清空"取消所有已选指标，见图 10-4。

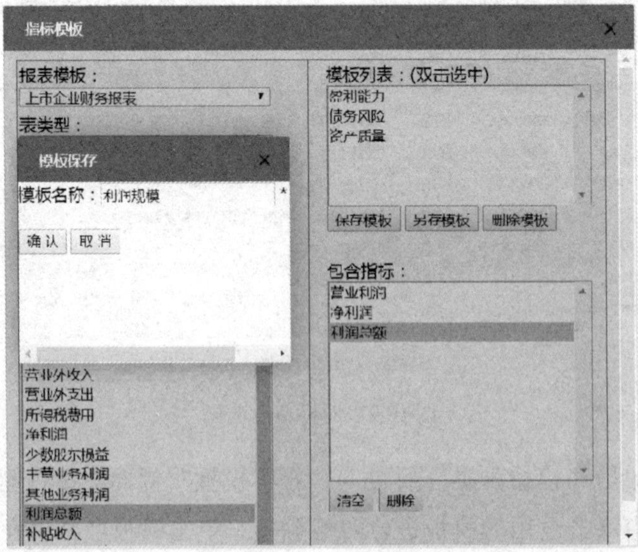

图 10-4　模板保存

单击保存模板，为模板起名，单击"确定"按钮，新建模板完成。对已有模板也可进行重新编辑，编辑完成后选择"另存模板"，另起名称，单击"确定"，完成后可在"模板列表"中查询。单击选中模板名称，单击"删除模板"进行删除处理。

10.1.3 智能企业对标案例解读

以万科 A、深物业 A 及深振业 A 为例进行对标分析，主要分析 3 家企业偿债能力情况。

依次对"客户名称""模板种类""报表类型""分析年份"进行选择，见图 10-5。

图 10-5 对标企业选定

如图 10-6 所示，所选企业、所选时间及所选指标以表的形式列示，以供用户对企业情况进行比较。

	2016年			2017年			2018年		
	万科A	深振业A	深物业A	万科A	深振业A	深物业A	万科A	深振业A	深物业A
流动比率（%）	124.36	243.32	137.08	120.09	166.52	186.48	115.43	191.80	194.32
速动比率（%）	43.78	74.26	74.10	49.50	56.69	109.89	48.56	73.40	145.58
资产负债率（%）	80.54	61.05	63.76	83.98	56.56	45.81	84.59	52.82	42.59
财务费用	159206.80	15281.69	-2240.74	207525.68	11287.47	-2440.75	599857.47	8891.27	-5757.95
其中：利息支出	0.00	0.00	0.00	0.00	0.00	0.00	0.00	0.00	0.00
利润总额	3925361.17	92439.75	49120.77	5114195.27	96022.67	82674.76	6746020.14	106898.66	77747.51
折旧及摊销	96022.63	256.21	149.64	206597.59	251.56	95.14	504430.86	1942.22	239.86
EBITDA利息保障倍数	26.26	7.07	-20.99	26.64	9.63	-32.91	13.09	13.24	-12.54
刚性负债	13246816.27	420289.25	0.00	19395459.63	370606.28	0.00	24721853.16	304611.90	100.00
净刚性负债	4543604.45	129479.80	-286975.52	1983358.71	68193.48	-247702.88	5880108.48	-60362.47	-338823.44

图 10-6 对标企业指标结果查看

图 10-7 展现所选企业、所选时期及每个指标的情况。

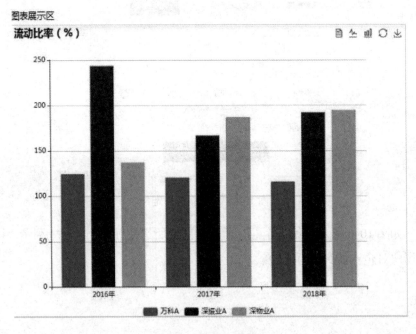

图 10-7 数据图表展示

利用图右上角的几个按钮,可以对图形进行设置,见图10-8。将图片换为数据视图情况见图10-9。

	万科A	深振业A	深物业A
2016年	43.78	74.26	74.1
2017年	49.5	56.69	109.89
2018年	48.58	73.4	145.58

图10-8　功能按钮区　　　　　图10-9　数据格式转化

将图形从柱状切换为折线,见图10-10。

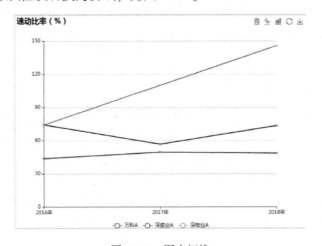

图10-10　图表切换

可将改换过的图形还原到最原始状态,保存图片可将图形以图片形式保存,见图10-11。

图10-11　还原与保存

智能行业比较

10.2.1　智能行业比较内容

行业比较,即通过对企业的盈利能力、偿债能力、营运能力和发展能力 4 个方面指标进行计算，并与企业绩效评价标准值进行比较，按照事先设定的指标权重和打分公式，自动进行打分，得出综合分值，再按照分值高低划分出优秀、良好、一般、较差和极差 5 个等级。企业绩效评价标准值使用国资委定期公布的行业标准值，该标准值包含优秀、良好、一般、较差和极差 5 个等级。

10.2.2 智能行业比较应用

（1）单击"行业比较分析"菜单，界面会显示如图 10-12 所示的对话框。

（2）单击客户名称可选框后面的"选择"按钮，可以选择已经导入数据的客户名称，以指定需要进行行业比较的企业。单击"分析时间"按钮可以选择需要进行行业比较分析的时期。

图 10-12　行业比较分析界面

（3）单击"生成报告"按钮，系统可以自动生成该企业的行业比较分析报告，生成结果如图 10-13 所示的总评价结果和图 10-14 所示的四方面评价结果。

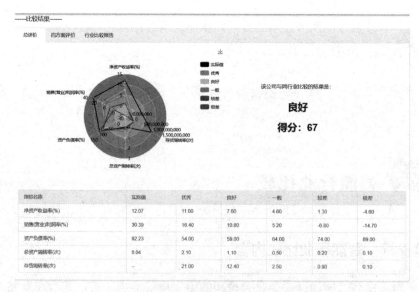

图 10-13　总评价报告生成界面

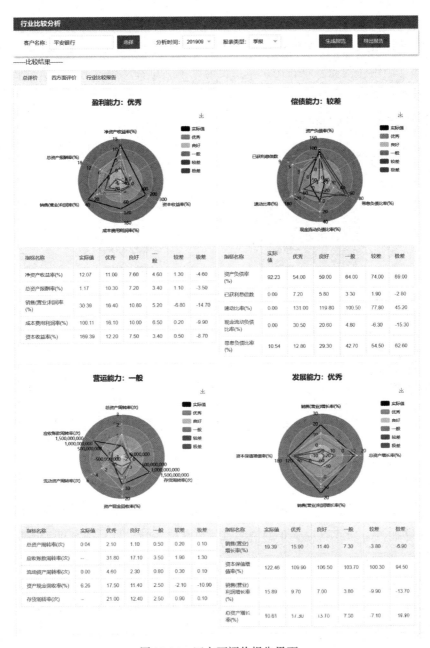

图 10-14 四方面评价报告界面

10.2.3 智能行业比较案例解读

以房地产企业万科 A 为例,依次选择客户信息、所属行业、比较年份生成结果，得出"总评价""四方面评价""行业比较报告"三方面结论。

总评价是几个方面的综合评价结论，通常是通过对万科 A 的净资产收益率、销售（营业）增长率、带息负债比率、总资产周转率、存货周转率共 5 个财务指标值与行业值进行比较，计算出其总体得分 75 分，根据得分再给出等级为良好的结论和管理建议，见图 10-15。

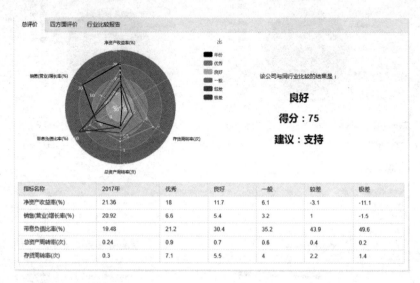

图 10-15　万科 A 总评价报告界面

四方面评价通常是从盈利、偿债、营运和发展方面分别进行评价，得出每个方面的分值、对比评价结论，见图 10-16。盈利能力是通过净资产收益率、总资产报酬率、销售（营业）利润率、盈余现金保障倍数、成本费用利润率、资本收益率 6 个指标值与行业值比较，计算盈利能力各指标得分，得到万科公司盈利能力优秀的结论。偿债能力是通过资产负债率、已获利息倍数、速动比率、现金流动负债比率、带息负债比率、或有负债比率 6 个指标值与行业值比较，计算偿债能力各指标分值，得到其偿债能力良好的结论。营运能力是通过总资产周转率、应收账款周转率、不良资产比率（新制度）、流动资产周转率、资产现金回收率 5 个指标值与行业值比较，计算营运能力各指标分值，得到其营运能力一般的结论。发展能力是通过销售（营业）增长率、资本保值增值率、销售（营业）利润增长率、总资产增长率、技术投入比率 5 个指标值与行业值比较，计算发展能力各指标分值，得到其发展能力一般的结论。

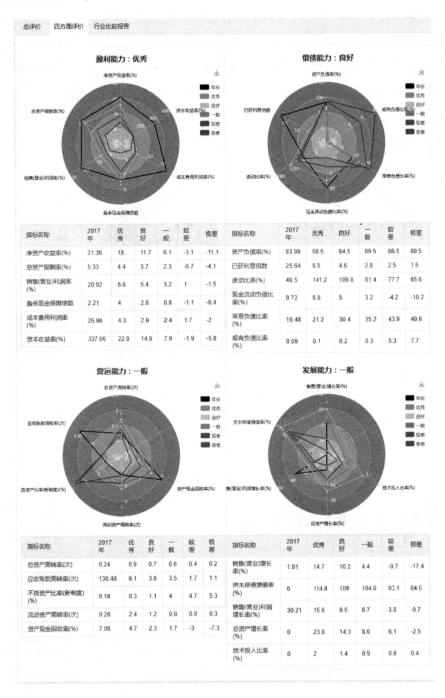

图 10-16　万科 A 四方面评价报告界面

对每个方面分析之后，还可以生成行业比较分析报告。行业比较分析报告包含比较结果文字、比较指标值和指标得分雷达图三部分内容。以盈利能力分析报告为例，文字描述给出每个指标的数值以及这个指标所处的行业位置，如净资产收益率高于行业优秀值 18.0%，说明这个企业的净资产收益率比行业优秀值还要优秀，如图 10-17 所示。行业比较分析报告，包含盈利、偿债、营运和发展四方面的分析内容，每个部分都包含行业所处位置的文字描述、与行业值比较的雷达图、行业比较结果表。

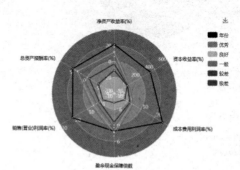

图 10-17 盈利能力评价报告

 自动进行杜邦分析

10.3.1 杜邦分析内容

杜邦分析是利用几个主要财务比率之间的关系来综合分析企业的财务状况，是一种用来评价公司盈利能力和股东权益回报水平，从财务角度评价企业绩效的经典方法。其基本思想是将企业净资产收益率逐级分解为多项财务比率的乘积，有助于深入分析比较企业的经营业绩。

杜邦分析最显著的特点是将若干个评价企业经营效率和财务状况的比率按其内在联系有机地结合起来，形成一个完整的指标体系，并最终通过权益收益率来综合反映。采用这一方法，可使财务比率分析的层次更清晰、重点更突出，为报表分析者全面仔细地了解企业的经营和盈利状况提供方便。

相较于传统的杜邦分析方法，多因素杜邦分析是在销售净利率、资产周转速度、资本结构3个因素基础之上进一步揭示税率、利率和特殊项目变化等因素的影响。根据不同的分析需要将这些因素逐一内化到杜邦分析体系之中，从而在三因素基础上，形成了四因素、五因素及六因素杜邦分析模型。

四因素分析是分析销售利润率、所得税税率、资产周转率、权益乘数（负债规模）这几个指标的变化对企业净资产收益率的影响，揭示净资产收益率的变化原因。

五因素分析是分析息税前利润、利率、所得税税率、资产周转率、资产负债率的变化对企业净资产收益率变化的影响，揭示净资产收益率变化的主要原因。

六因素分析是分析营业利润率、利率、所得税税率、特殊项目贡献率（主要是指非经营性的利得和损失）、资产周转率、资产负债率变化对净资产收益率变化的影响，揭示净资产收益率变化的主要因素。

10.3.2 智能杜邦分析应用

因操作方法相同，下面以三因素杜邦分析法为例说明其具体操作。

（1）选择"客户名称""报表类型""货币单位""分析时间"，单击"查看"，就会出现杜邦分析相关数据树型结构图，在图的下方，所有杜邦分析的相关科目指标会以列表形式展现。如果需要在3个因素基础之上进一步揭示税率、利率和特殊项目变化等因素的影响，可在"分析类型"选择四因素、五因素或六因素，下方会显示相应的多因素展示图。

（2）更改树型图最下面一层数据、树型图上面的指标会重新计算得到相应的数值，如图10-18所示。

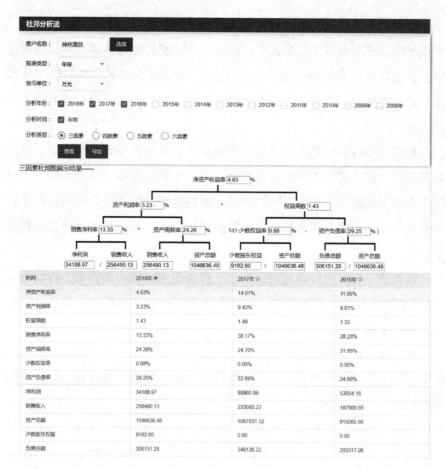

图 10-18 杜邦分析界面

10.3.3 杜邦分析案例解读

杜邦分析法将净资产收益率的计算分解为三大部分,即

净资产收益率 = 利润率 × 资产周转率 × 权益乘数

而

利润率 = 利润/销售收入

资产周转率 = 销售收入/资产

权益乘数 = 资产/权益

这说明净资产收益率受以下 3 类因素的影响:营运效率,用利润率衡量;资产使用效率,用资产周转率衡量;财务杠杆,用权益乘数衡量。

如果净资产收益率表现不佳，可以通过查找上述 3 个指标的变化原因，找出具体是哪些部分表现欠佳。杜邦分析图是从权益报酬率开始，根据会计资料（主要是资产负债表和利润表）逐步分解计算各指标，将计算出的指标值按照指标之间的内在关系填写形成指标变动情况分解图，通过图中数据可以进行前后期对比分析，也可以进行企业间的横向对比分析。

净资产收益率公式的具体推导过程如下：

净资产收益率 = 净收益/总权益

    = (净收益/总权益) × (总资产/总资产)

    = (净收益/总资产) × (总资产/总权益)

    = (净收益/销售收入) × (销售收入/总资产) × (总资产/总权益)

    = 利润率 × 资产周转率 × 权益乘数

杜邦分析法通过销售净利润率与总资产周转率、债务比率之间的相互关联关系，给管理层提供了一张明晰的考察公司资产管理效率和最大化股东投资回报的路线图。销售净利率反映销售收入的收益水平。扩大销售收入和降低成本费用是提高企业销售利润率的根本途径，而扩大销售，同时也是提高资产周转率的必要条件和途径。权益乘数表示企业的负债程度，反映了公司利用财务杠杆进行经营活动的程度。资产负债率高，权益乘数就大，这说明公司负债程度高，公司会有较多的杠杆利益，但风险也高；反之，资产负债率低，权益乘数就小，这说明公司负债程度低，公司会有较少的杠杆利益，但相应所承担的风险也低。

以万科 A 为例，选择要分析的时间为 2016 年、2017 年及 2018 年年终，分析类型选"三因素"，见图 10-19。

图 10-19 万科 A 杜邦分析数据选择

单击"查看",可以看到按照万科 A 数据生成的最近一期的杜邦分析图,如图 10-20 所示。

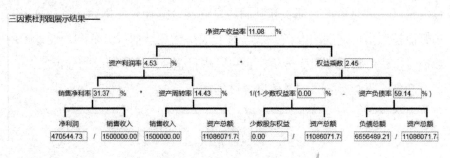

图 10-20　万科 A 杜邦分析图

同时可以看到所选时期杜邦分析计算出的指标表,见图 10-21。

时间	2018年	2017年	2016年
净资产收益率	11.08%	10.58%	9.66%
资产利润率	4.53%	4.79%	4.73%
权益乘数	2.45	2.21	2.04
销售净利率	31.37%	39.03%	38.93%
资产周转率	14.43%	12.28%	12.15%
少数权益率	0.00%	0.00%	0.00%
资产负债率	59.14%	54.72%	51.04%
净利润	470544.73	427801.38	367344.18
销售收入	1500000.00	1095951.27	943608.18
资产总额	11086071.78	9701462.41	8153540.41
少数股东权益	0.00	0.00	0.00
负债总额	6556489.21	5308265.07	4161463.10

图 10-21　万科 A 杜邦分析指标表

自动进行沃尔比重分析

10.4.1　沃尔比重自动分析内容

1928 年,亚历山大·沃尔(Alexander·Wole)在其出版的《信用晴雨表研究》和《财务报表比率分析》中提出了信用能力指数的概念,他选择了 7 个财务比率，即流动比率、产权比率、固定资产比率、存货周转率、应收账款周转率、固定资产周转率和自有资金周转率，分别给定各指标权重，然后确定标准比率（以行业平均数为基础），将实际比率与标准比率相比，得出相对比率，将此相对比率与各指标权重相乘，得出总评分。此综合比率评价体系把若干个财务比率用线性关系结合起来，以此来评价企业的财务状况。

由于沃尔比重评分法主要是从企业还债能力角度进行评价，对企业的盈利能力有所忽视，一些研究人员提出了使用收益性、流动性和增长性 3 类共 10 个指标来评价的改进办法。3 个方面的权重分别为 45、35 和 20，其中收益性指标选择销售利润率、总资产报酬率、资本收益率 3 个指标，其权重分别为 20、20、15；流动性指标为产权比率、流动比率、应收账款周转率、存货周转率 4 个指标，其权重分别为 10、10、10、5；增长性指标为销售增长率、净利增长率、资产增长率 3 个指标，其权重均为 5。由这 10 个指标组成一个综合评价标准。标准比率可以是行业标准值，也可以是企业计划或预算值，也可以使用企业自己认为合理的标准值。计算公式为：实际分数 = 实际值/标准值 × 权重。这一改进使得利用沃比评分法进行财务绩效评价更加全面与客观。

使用沃尔比重方法应当注意的问题是：遇到指标值为负时得 0 分；遇到单个指标异常时应当适当调整分值或指标值；可对标准值设定上限和下限来控制单个指标的得分。沃尔评分法最主要的贡献是它将互不关联的财务指标按照权重予以综合联动，使得综合评价成为可能。

10.4.2 沃尔比重分析应用

选择"客户名称""报表类型""分析年份""分析时间"，单击"查看"。操作界面见图 10-22。

系统根据内置的沃尔比重模型，计

图 10-22 沃尔比重分析基础
信息选择界面

算出各项指标数值以表格形式列示，见图 10-23。

结果展示一

客户名称：深纺织A　评价时期：2018年

项目名称	比重	标准值	实际值	相对比值	得分
流动资产/流动负债	25.00	2.00	2.93	1.47	36.64
净资产/负债合计	25.00	1.50	2.98	1.99	49.72
资产/固定资产	15.00	2.50	4.68	1.87	28.06
营业成本/存货	10.00	8.00	2.60	0.32	3.25
营业收入/应收帐款	10.00	6.00	2.41	0.40	4.01
营业收入/固定资产	10.00	4.00	1.29	0.32	3.22
营业收入/净资产	5.00	3.00	0.37	0.12	0.61
合计	100.00				125.51

图 10-23　沃尔比重分析结果

将标准值与企业实际值比较结果，以雷达图形式列示，见图 10-24。系统同时支持将分析结果导出到 Excel 中。

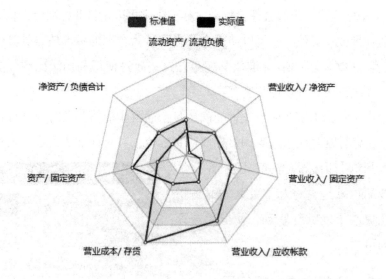

图 10-24　沃尔比重分析图

10.4.3　沃尔比重分析案例解读

下面以深纺织 A 为例，介绍沃尔比重评分法的基本步骤。

（1）选择评价指标并分配权重。盈利能力指标包括资产净利率、销售净利率、净值报酬率，偿债能力的指标包括自有资本比率、流动比率、应收账款周转率、存货周转率，按重要程度确定各项比率指标的评分值，评分值之和为100。

（2）确定各项比率指标的标准值，即各该指标在企业现时条件下的最优值。

（3）计算企业在一定时期各项比率指标的实际值。

$$资产净利率 = 净利润/资产总额 \times 100\%$$

$$销售净利率 = 净利润/销售收入 \times 100\%$$

$$净值报酬率 = 净利润/净资产 \times 100\%$$

$$自有资本比率 = 净资产/资产总额 \times 100\%$$

$$流动比率 = 流动资产/流动负债$$

$$应收账款周转率 = 赊销净额/平均应收账款余额$$

$$存货周转率 = 产品销售成本/平均存货成本$$

（4）形成评价结果。沃尔比重评分法的公式为

$$实际分数 = 实际值/标准值 \times 权重$$

当实际值大于标准值为理想时，用此公式计算的结果正确，但当实际值小于标准值为理想时，实际值越小，得分应越高，用此公式计算的结果却恰恰相反。另外，当某一单项指标的实际值畸高时，会导致最后总分大幅增加，掩盖了情况不良的指标，从而给管理者造成一种假象。沃尔比重分析法指标见表10-1。深纺织A沃尔比分析图见图10-25。

表10-1 沃尔比重分析法指标一览表

项目名称	比重	标准值	实际值	相对比值	得分
流动资产/流动负债	25.00	2.00	2.93	1.47	36.64
净资产/负债合计	25.00	1.50	2.98	1.99	49.72
资产/固定资产	15.00	2.50	4.68	1.87	28.06
营业成本/存货	10.00	8.00	2.60	0.32	3.25
营业收入/应收账款	10.00	6.00	2.41	0.40	4.01

(续)

项目名称	比重	标准值	实际值	相对比值	得分
营业收入/固定资产	10.00	4.00	1.29	0.32	3.22
营业收入/净资产	5.00	3.00	0.37	0.12	0.61
合计	100.00				125.51

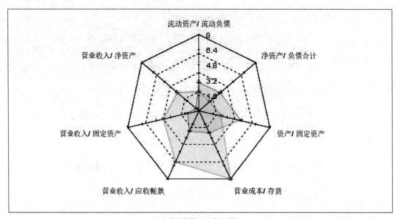

图 10-25　深纺织 A 沃尔比重分析图

由图 10-25 可以看出，实际值与标准值相差较大，实际值中收入占存货、应收账款、固定资产、营业收入等的比例与标准值相差较大，但是从表 10-1 中可以看出，整体分值为 125.51 分。因此需要用户从更全面的角度看问题，不要被分值所误导。

 其他常用分析方法

10.5.1　Z 计分模型

1. Z 计分模型内容

纽约大学斯特恩商学院教授爱德华·阿特曼（Edward·Altman）在

1968年就对美国的生产型企业进行观察,将22个财务比率经过数理统计筛选,建立了著名的五变量Z-score模型,即

$$Z = 1.2X_1 + 1.4X_2 + 3.3X_3 + 0.6X_4 + 0.999X_5$$

式中 X_1=营运资本/总资产;X_2=留存收益/总资产;X_3=息税前收益/总资产;X_4=股东权益的市场价值/总负债;X_5=销售收入/总资产。

如果$Z \leqslant 1.81$,表明财务风险很高,如不采取措施企业很可能破产;如果$Z \geqslant 2.99$,表明财务状况很好,企业破产概率很低;如果$1.81<Z<2.99$,该区间被称为"灰色区域",很难判定企业的财务状况。

上述模型主要针对上市企业,对于非上市企业,爱德华·阿特曼又建立了改进模型,即

$$Z = 0.717X_1 + 0.847X_2 + 3.107X_3 + 0.42X_4 + 0.998X_5$$

如果$Z \geqslant 2.9$,表明企业财务状况良好;如果$Z \leqslant 1.21$,表明企业很可能发生财务危机或破产;如果$1.21<Z<2.9$,该区间被称为"灰色区域",表明企业财务状况极不稳定,难以简单地得出是否破产的结论。

可以看出,不同的样本数据,采用同样或近似的指标,会有不同的计算公式。这也是加权打分方法的核心问题,即选择不同的指标,使用不同的数据,会得出不同的计算公式。换句话说,使用相同的指标和相同的数据,如果使用不同的加权打分公式,则会对同一情况得出不同的分析结论。但事实上,一种客观情况只会有一个正确的分析结论。

2. Z计分模型应用解读

Z计分模型,选择要分析的客户名称和时间,单击"查看",就可以看到分析结果及相关说明。当Z值低于临界值,企业破产风险很大时,系统会进行相关提示,见图10-26。

10.5.2 巴萨利模型

1. 巴萨利模型内容

巴萨利模型是在Z计分模型的基础上发展起来的,由亚历山大·巴萨利建立。该模型由5个特定的财务比率指标构成,计算简便,且比Z计分模型多了一个功能,即在预测企业破产可能性的同时,还能衡量企业实力

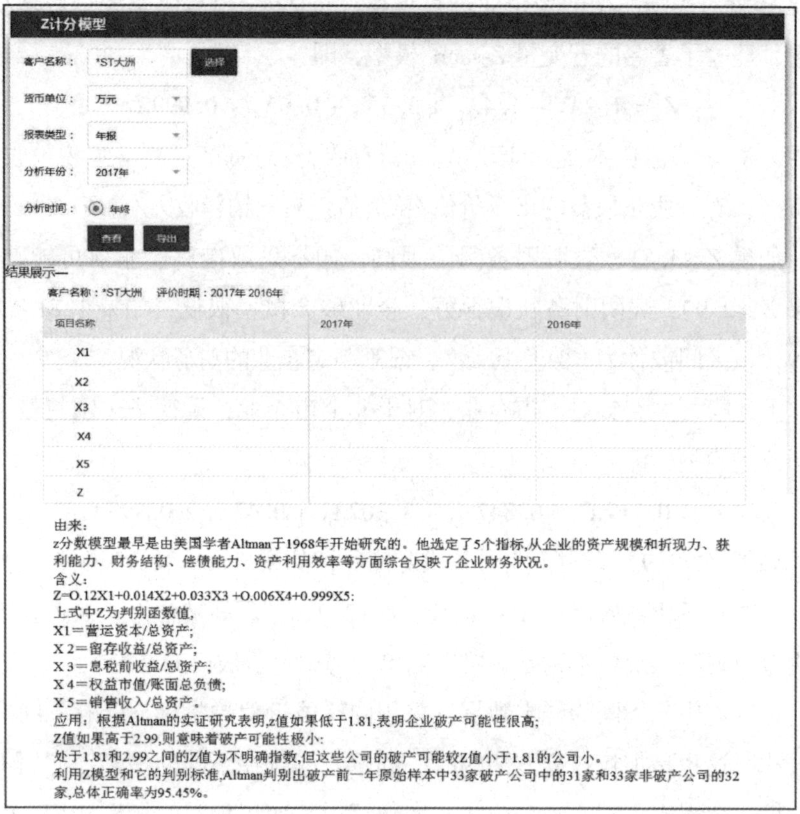

图 10-26 Z 计分模型界面

的大小，适用于所有行业。

2. 巴萨利模型应用解读

对于巴萨利模型，系统可给出相关计算结果及模型相关说明。单击财务分析工具中"巴萨利模型"，选择要分析的客户名称和时间，单击"查看"，就可以看到分析结果及相关说明。当巴萨利模型值低于临界值，企业风险很大时，系统会进行相关提示，见图 10-27。

10.5.3 营运资产分析模型

在信用管理实践中，最重要也最困难的是如何确定每个客户的信用额度。由于影响企业支付能力的因素很多，所以判断企业的信用状况非常困难。营运资产分析模型给出了利用财务数据确定其信用额度的一个方法。

```
巴萨利模型

客户名称：  *ST大洲    选择
货币单位：  万元
报表类型：  年报
分析年份：  2017年
分析时间：  ⦿ 年终
            查看    导出
```

结果展示一

客户名称：*ST大洲 评价时期：2017年 2016年

项目名称	2017年	2016年
X1		
X2		
X3		
X4		
X5		
Z		

由来：
Alexander Bathory(1984)在 Z 值计分理论基础上提出"巴萨利模型"，适用范围更广一些。这三个模型都是多元变量分析判别企业信用风险的典型，都是根据企业财务数据，通过多元线性模型计算反映企业违约的概率大小。多元线性变量预测财务风险也存在一定的缺陷，该模型缺乏理论基础，账面财务数据与实际经营状况也存在一定的差异。

含义：
理论基础，账面财务数据与实际经营状况也存在一定的差异。
Z=X1+ X2+ X3+ X4+ X5
X1=(税前利润+折旧+递延税)/流动负债 用于衡量企业业绩。
X2= 税前利润/营运资本 衡量营运资本回报率。
X3= 股东权益/流动负债 衡量股东权益对流动负债的保障程度。
X3=有形资产净额/负债总额 衡量扣除无形资产后的净资产对债务的保障程度。
X4=营运资本/总资产 衡量流动性。

应用：
以上5项比率的总和便是该模型的最终得分. 得分很低或出现负数均表明企业的前景不妙。巴萨利模型是Z计分法更普遍的应用。据调查，巴萨利模型的准确率可达到95%；其最大优点在于易于计算，同时，它还能衡量公司实力大小，广泛适用于各种行业。

图 10-27 巴萨利模型界面

营运资产分析模型的计算分两个步骤：第一步，计算营运资产和资产负债比率。营运资产 =（营运资本 + 所有者权益）/2，它是衡量公司资产规模大小的尺度，可以作为确定信用额度的基础标准。资产负债比率主要计算流动资产/流动负债、速动资产/流动负债、流动负债/所有者权益、负债总额/所有者权益。将这 4 个值加起来就是资产负债比率评估值，它综合考虑了资产流动性和负债水平两个最能反映企业偿债能力的因素。评估值越大，表示企业的财务状况越好，风险越小。

对于营运资产分析模型，系统可给出相关计算结果，并得出评估计算的信用额度。选择要分析的客户名称和时间，单击"查看"，就可看到分析结果，见图 10-28。

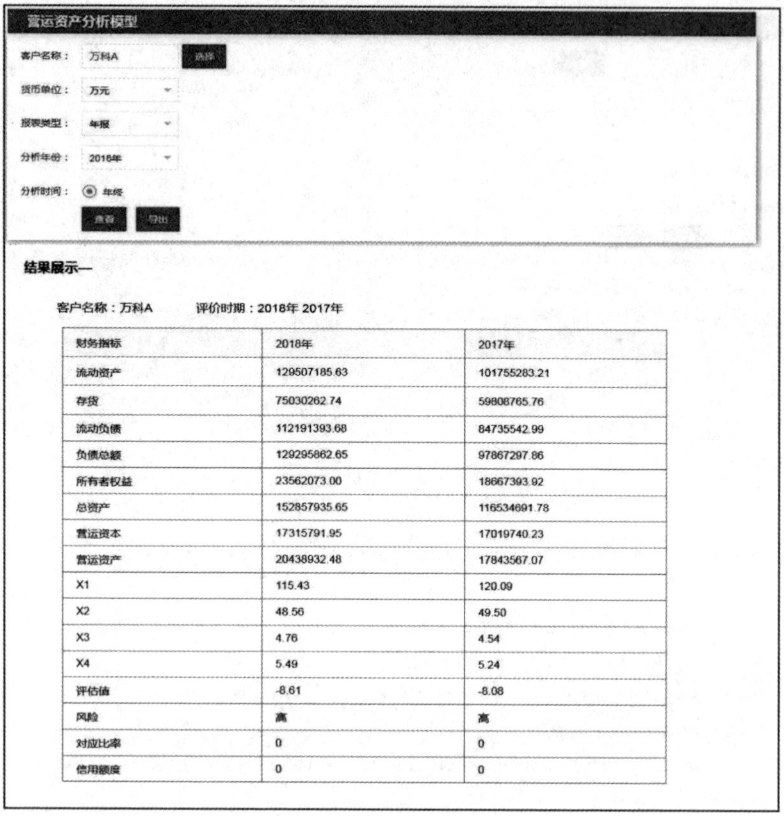

财务指标	2018年	2017年
流动资产	129507185.63	101755283.21
存货	75030262.74	59808765.76
流动负债	112191393.68	84735542.99
负债总额	129295862.65	97867297.86
所有者权益	23562073.00	18667393.92
总资产	152857935.65	116534691.78
营运资本	17315791.95	17019740.23
营运资产	20438932.48	17843567.07
X1	115.43	120.09
X2	48.56	49.50
X3	4.76	4.54
X4	5.49	5.24
评估值	-8.61	-8.08
风险	高	高
对应比率	0	0
信用额度	0	0

图 10-28　营运资产分析模型结果展示

10.5.4　黑色倒闭模型

1. 黑色倒闭模型内容

当企业缺乏支付现金的能力时，就会出现破产风险，主要表现为以下 3 种情况：一是企业在盈利情况下因无力支付现金而导致的破产，通常称为“黑字破产”或“黑色倒闭”；二是企业在亏损情况下无力支付现金而导致的破产，通常称为“赤字破产”或“正常破产”；三是在企业以欺诈手法转移、掏空、隐藏企业资产，从事损害他人利益的情况下的强制破产清算。

企业在盈利情况下不能偿还债务所导致的倒闭称为“黑色倒闭”，其检验方法是看企业潜在现金流入是否小于潜在的现金支出，若小于，则有“黑色倒闭”的可能，通常用潜在现金收入与潜在现金支出之比（DRL）

来揭示这种可能性的大小,即

$$DRL = 潜在现金收入/潜在现金支出$$

式中

潜在现金收入 = 期初营运资金 + 营业周转次数 × 以售价计算的存货

营运资金 = 流动资产合计 − 流动负债合计

营业周转次数 = 销售收入/(应收账款 + 存货 × 营业收入/营业成本)

以售价计算的存货 = 存货 × 营业收入/营业成本

潜在现金支出 = 销售收入 − 净利润 − 折旧 − (期末营运资金 − 期初营运资金)

如果 $DRL < 1$,则该企业存在"黑色破产"风险;如果 $DRL \geq 1$,则该企业不存在"黑色破产"风险。如果将上式中的"存货"用"产成品"数据代替,计算结果更接近于实际情况。

在企业盈利情况下的破产,主要有以下3种情况:一是企业长、短期债务结构不合理,短期债务过多长期债务过少,在企业还没有创造出足够的现金的情况下,大量短期债务已经到期,迫使企业进行债务重组或破产清;二是企业长短期债务结构合理,但资金使用不当,比如大量资金被应收账款或其他应收账款占用,或者大量的资金被占用于固定资产投资、长期投资等,导致企业短期内能够变现的资产不足以支付到期债务,即所谓"压死骆驼的可能只是一根稻草";三是企业经营资金困难,无法正常维持运转。

该模型法没有考虑以下4种变化对企业现金收支和破产风险的影响,即资本性收支情况、股票的发行和收回、有价证券的投资和收回、长期借款的取得和偿还。

2. 黑色倒闭模型应用解读

系统给出黑色倒闭模型结果见表10-2。

表10-2 黑色倒闭模型

客户名称:深纺织A　　　　　　　　　　　　评价时期:2017年、2018年

项目名称	2018年	2017年
营运资金	197 279.50	237 051.31

(续)

项目名称	2018年	2017年
营业周转次数	1.25	2.92
潜在现金收入	61 205.57	91 355.63
潜在现金支出	63 813.55	96 862.90
DRL	0.96	0.94

如果DRL<1,表明该企业存在"黑色破产"风险;如果DRL≥1,表明该企业不存在"黑色破产"风险。

从智能分析的结果来看,深纺织存在黑色破产风险,主要原因是其潜在现金支出大于潜在现金收入,但二者差距比较小,风险较低。

本章小结

在计算机软件技术的帮助下,能够实现各种各样的指标计算和定量分析的智能化,形成各种各样的智能化分析工具,这些分析工具包括杜邦分析、沃尔比重分析、黑色倒闭模型分析等。通过这些图文并茂的交互界面分析,可以比较直观地看出某个指标变化的原因,快速地进行打分评价,进行财务指标的行业比较分析和企业比较分析。

本章习题

名词解释

企业对标分析	行业比较分析	国资委行业标准值
上市企业行业标准值	行业比较总评价	行业比较四方面评价
行业比较报告	四因素杜邦分析	五因素杜邦分析
六因素杜邦分析		

简答题

1. 如何进行企业之间比较智能分析?
2. 行业比较分析主要有哪些内容?
3. 行业比较标准值有哪些?由哪几个标准值构成?

4. 杜邦分析的主要内容是什么？为什么说杜邦分析是一个分析体系？
5. 如何使用沃尔比重智能分析的结果？
6. 什么是巴萨利分析模型？其分析结果如何解读？
7. 什么是营运资产分析模型？其分析结果如何解读？
8. 什么是黑色倒闭分析模型？其分析结果如何解读？